金持ちにも
幸せにもなれる
たった1つの思考法

金川顕教

フォルドリバー

はじめに

　僕のこれまでの人生を振り返ると、親が離婚した14歳の冬から23歳くらいまでは、本当に最悪でした。

　いいことはほとんどなく、大学受験の勉強や、公認会計士試験のための勉強など、ずっと何かに打ち込んで頑張っていたけれど、全然結果が出ない日々……。

　中学2年生のときに親が離婚して、父子家庭になって勉強に真剣に取り組んで、せめて偏差値50ぐらいの高校に行こうと思い一生懸命勉強したのに成績はたいして上がらず、結果的に倍率1倍以下の偏差値の低い地元のヤンキーばかりが行くような高校に進学。

　高校で吹奏楽部に入部して、トロンボーンにハマってからは、音大に行こうと音楽の練習や勉強をしましたが、経済的にも現実的ではないと挫折。

高校3年生から受験勉強をしたものの、大学は誰が受けても受かるようなBF（ボーダーフリー）と呼ばれる大学以外は全落ち。一浪でも全部落ちて、二浪目でやっと立命館大学に受かりました。

関西では評価の高い立命館大学に行っても、結局自分が望むような人生にはならないとすぐわかったので、そこから公認会計士試験を目指し猛勉強。

在学中に合格を手にしたときから、ようやく僕もやっと「いい人生が送れる」と希望が持てるようになりました。

しかし、大手監査法人である有限責任監査法人トーマツに入社しても、高収入で一生安泰といわれる職場でも、僕は「いい未来」を感じられなくなって、副業から起業という道を選びました。

独立してからは、成功するために仕事を無我夢中で頑張ってきました。なぜなら、ここで成功しなければ、会社を辞めた意味がないからです。

起業して1期目、2期目と順調に年商が増え、3期目で1億3000万円、最高で7億円を達成しました。

さらに起業して7年目で結婚もしました。

結婚して子どもが生まれてしばらくして、仕事の成功とプライベートの幸せというものは、対極にあるものだと気が付いたのです。

成功するほど、家族が不幸せになるのです。独身時代は成功と幸せが一致していますが、結婚して子どもや家族に時間を使うようになれば、その時間は幸せな時間ですが、仕事の時間が減り、成功からは遠のきます。

つまり、経営者としての正解と父親としての正解が、真逆ということに気付いたのです。

それからは、もちろん仕事も大切ですが、子育てもいいなとか、のんびり家族と散歩する時間もいいなとか、ライフワークバランスが大きく変わっていきました。

日本はどんどん稼ぎづらい時代になっています。

大学を卒業して一流企業に入っても、物価はどんどん上がっているのに、退職金も給料も減ってきている時代です。僕のように起業している人も、稼げば稼ぐほど税金も高くなります。

そんな時代の今、お金を豊かにするよりも心を豊かにするのが大事なのではないかなと思うようになりました。

税金が上がり、年金が減って、給料も下がり、退職金も下がり、お金を稼ぎづらい今の時代の中で、どうしたら幸せに暮らすことができるのか、幸福度を高めて生きられるのかといったら、心をどうするか、ということが大きいと思うのです。

どうやって成功をつかむのか、その中での幸せとは何か。僕の人生の軌跡とともに、成功して見えてきたもの、自分が今大事だと思うものについて綴っていきたいと思います。

第1章 幼少期～20代前半

第2章 就職〜起業

第3章 結婚〜子育て

STAFF

装丁：本橋雅文（orangebird）
原稿協力：下関崇子
編集：長谷川華（はなぱんち）
本文 DTP・校正：アネラジャパン

第1章
幼少期～20代前半

なぜか怪我の記憶が多い幼少時代

僕が生まれ育ったのは三重県の桑名市と四日市市のあいだにある町で、名古屋にも30〜40分で行けるような場所でした。

両親は三重県の出身で、父は写真館を経営していました。祖父の代からなので2代目になります。

母は裕福な家庭に育ち、おそらく結婚してからも、多少の援助は受けていたのではないかと思います。

両親と兄の4人家族でしたが、母方の祖母も近くに暮らしていました。

写真館という自営業で、自由に使えるお金も多く、お金に困らない生活をしていました。

昔のことはあまり覚えていないのですが、小学生のころ大トロが大好きで、出前のお寿司で大トロ10貫を頼んでもらって食べていたのがいまだに楽しい記憶として残っています。

幼少時代の僕は、おっちょこちょいで怪我ばかりしていました。

記憶をたどると、一番古い記憶は、3歳のときにパイナップルの缶詰が上から落ちてきて左足の小指が折れてしまったこと。

病院には行ったと思うのですが、なぜかその左足の小指だけ成長が止まってしまい、大人になった今でも3歳のときのサイズのままなのです。

もしこれが親指だったら、踏ん張りが利かないということがあるかもしれませんが、足の小指はほとんど影響がないのか、不自由と感じたことは一度もありません。

それ以外にも、しょっちゅう怪我をしていたように思います。ほかの記憶がないのに、怪我をしたことだけは鮮明に覚えています。

もう1つの大きな怪我は、小学4年生か5年生のころ、家族でプリンを作っているときのことです。

電子レンジでカラメルソースを作っていて、兄が取り出したカラメルソースを僕が受け取ってテーブルに持っていくという役割を決めました。

ところが、兄がその容器を斜めにしてこぼしてしまい、それが僕の右手の人差し指に垂れて、やけどをしてしまったのです。

文字通りの激アツで、すぐに流水をかけてくれたのですが、「熱いから水を出して」とずっと言っていたらしいのです。もちろん水で冷やしているのですが、やけどしすぎてしまって水を水と感じないぐらいだったようです。

それ以外にも、家族旅行に行って、ホテルのベッドの上で飛び跳ねて遊んでいたら、飛び方をミスって2つのベッドの真ん中にバーンと頭から落ちてしまい、めちゃくちゃ頭が痛かったのも覚えています。

楽しかったこともたくさんあると思いますが、意外と結構覚えている記憶は、なぜか痛かったものばかりです。

◆戦隊ヒーローなら「緑キャラ」

小学生のころの僕は、よく言えば好奇心が旺盛、悪く言えば飽き性で、いろいろな習い事を始めては、すぐやめてしまうような子でした。

サッカー、陸上、水泳、そろばん、習字と、僕が「やりたい」と言えば、親は一通りなんでも習わせてくれましたが、すべて続かないタイプ。

サッカーはシューズやボールなど道具を全部揃えてくれたのに、スクールに行って3日でやめてしまいました。

その中で唯一続いたのがゲームぐらいです。

『ドラゴンクエスト』や『ファイナルファンタジー』など、これと決めたものは何時間でも飽きずに、クリアしてもまた最初に戻ってと、何周もやっていました。

当時、覚えているのがファイナルファンタジーの6か7の発売日のこと。近所のゲーム屋さんは10時開店でしたが、セブンイレブンやサークルKでは7時から発売するため、時間ぴったりに近所のコンビニに買いに行ったことです。

ディスクが3枚あり、徹夜でやって1日で1枚目をクリアしたのを覚えています。


クラスの中では陽キャでも陰キャでもなく、ちょうど中間くらいの立ち位置でした。学級委員をやったり、面白いことを言ってクラスを盛り上げるような目立つタイプではありませんでした。

どちらかといえば、面白いキャラ寄りだったのかもしれませんが、すごくクラスで人気があるわけではなく、全くモテないわけでもないのですが、かといってバレンタインデーにチョコレートをたくさんもらうような感じでもなく……。

戦隊ヒーローものでいえば、センターで周りを引っ張る赤色キャラではなく、緑や黄色のようなキャラでした。

2歳年上の兄との仲は、良くも悪くもなくという関係でした。なぜなら、兄と僕は性格が全然違っていて、やりたいことも違うしすべてが真逆なので、そもそも会話することが少なかったからです。

僕は家でもよくしゃべるタイプでしたが、兄はほとんどしゃべらないので、いまだに父親が、「何を考えているかわからない」と言っているぐらいです。

そんな兄との唯一覚えているケンカは、僕が小学6年生か中学1年生で、兄が中学2年生か3年生のとき。2人で対戦ゲームをしていたのですが、あまりにも僕が勝ちすぎて、兄がイラついてケンカが始まり、ボコボコにされた記憶があります。

そのころの2学年差は体格も全く違うので、兄には歯が立ちませんでした。

それ以外は、兄は家では勉強ばかりしていたので、ほとんど僕とは関わりがありませんでした。

兄は小さいころからとても優秀で、中学校の定期テストでも学年トップを取っていました。父親と同じ県立の進学校から北海道大学へ進学。現在は大学で准教授をしていますが、理系で難しい論文ばかり書いているので、正直僕は何を研究しているのかさっぱりわかりません。

理想の父親像は、自分の親

僕が仕事をするうえで一番影響を受けたのは、間違いなく父親だと思っています。父親は三重県でもトップの公立高校を卒業しました。

東大・京大・名古屋大学などに合格するような人が多い中、親、つまり僕の祖父母が大学進学に反対し、写真館を継ぐために写真の専門学校に進学しました。

そのため、僕たち兄弟には自分が好きな道を進んでほしいという思いがあったようです。

僕の実家は、1階がスタジオで2階が自宅になっており、父は個人事業主として写真館を経営していたので、いつでも家にいました。

そのため、子どものころは「父親が働いている」というイメージが全くありませんでした。

一応、仕事はしていると思っていましたが、毎日家にいますし、服装もセーターにズボンというようなラクな格好でしたし、パソコンをいじっているわけでもないので、仕事をしているという雰囲気がなかったのです。

写真館は予約制だったので、基本的に父親は2階のリビングにいて、ピンポンと呼び出し音が鳴ったら1階のスタジオに行くという感じでした。

修学旅行などもカメラマンとして父親が付いてきたので、小・中学生のころは、それはそれですごくイヤでしたが……。

ほかの子の父親のようにスーツを着てネクタイを締め、朝、電車に乗って出勤して夜に帰ってくるという姿を見ていなかったのは、僕の人生にすごく影響を与えたと思います。

もし父親がサラリーマンで、毎朝会社に出勤する姿を小さいころから見ていたら、漠然と自分も大人になったら会社員になって父親のように働くんだろうなぁというイメージを持ったかもしれません。

しかし、父親は毎日家にいるのでそれが普通だと思っていましたし、「そういう働き方っていいな」と自然に思うようになりました。

仕事でも生き方でも、なんでも「モデルケース」を持つことが大切ですが、子どもにとって一番身近なモデルケースは両親です。

「親のようになりたい」という人がいれば、「親みたいにはなりたくない」と思う人もいるでしょうし、親が1つの基準になります。

僕の場合は、小さいころから見ていて、父親は性格も陽気で話も面白く、楽しそうに人生を生きているという印象を受けていたので、自分もいつか父親のような生き方をしたいと憧れるようになったのです。

親の離婚を機に勉強するように

僕の両親は、僕が中学2年生のときに離婚しました。

理由は夫婦仲が悪く、姑との関係があまりうまくいっていないからと当時は聞かされていました。

ある日突然、家族会議が開かれ、両親から「離婚する」という話を聞かされたのです。それまで僕は、両親がケンカするところを見たことがなかったですし、仲の良い家族だと思っていたので、すごく衝撃的でした。

びっくりして、あまりにも悲しくて、そのときに一生分の涙を流しました。

ともかく、母は三重県から離れて東京や大阪に引っ越したいということで、兄と僕は父と母、どちらと暮らしたいかを尋ねられました。

兄はそのころちょうど反抗期で、母親を毛嫌いしていた時期だったので、「育児放棄した母親」として、金輪際会いたくない、縁を切るといった感じでした。

僕は、母親に対して反抗期的な感情を持っていませんでした。

しかし、小・中学校と一緒に過ごしてきた幼馴染みもいるし、友だち関係もある程度できあがっていたので、生まれ育った三重県を離れて、今から知り合いが一人もいない土地へ行って新生活をスタートする気にはなりませんでした。

結局、父、兄、僕の男3人暮らしとなり、母親一人が家を出ていきましたが、僕は父や母とも仲良くしていて、大学生ぐらいまでは3人で会って食事したりしていました。

今思えば、この離婚が僕の人生にとって大きな転機となりました。

当時、つまり今から25年ぐらい前は、離婚する人がまだ少なかった時代です。

今は離婚も珍しくありませんが、東京や大阪ではなく地方都市の三重県となれば、周囲が「あの家は離婚したらしい。しかもお母さんが出ていった」と、本当にコソコソと噂になるような時代です。

当然、学校の先生にも噂は届きますから、先生同士でも詳細は知らないけれど、父親側についていているらしいと話題になっていたのだと思います。離婚後、先生がわかりやすいぐらい優しくなり、成績もあまり良くなっていないはずなのに、評価点が1個上がったりしました。

たぶん、子どもがいる先生が多かったですし、離婚が当たり前ではなかったので、「かわいそうな子」というのは多少あったと思います。

その当時は、人にすごい気を遣われているのが自分にもわかり、ちょっとほかの家とは環境が違うんだなということを実感していました。

でも、ここで親が離婚するという普通ではない経験をしたこと、それによってその後の人生でも、人と違うこと、いわゆる「普通」と言われることではないことをやるのに違和感がなくなりました。それは僕の人生でとても良かったことです。

もし親が離婚していなかったら、二浪して大学へ行くとか、入学直後から公認会計士の資格を取ることを目指すとか、会社を数年で辞めて起業しようとか、そういう大多数の人とは違うことをしようとは、全く思わなかったと思います。

しかも中学生ぐらいになれば、自分たちがお金に不自由なく暮らせているのは母親の実家、祖母のおかげであることはなんとなく感じていたので、両親が離婚して母親がいなくなったらまずいと思いました。

勉強していい大学に行って、給料の高い仕事に就いて、僕が稼いで父親を支えないといけないと思うようになったのです。

高校は地元のヤンキー校へ進学

親が離婚するまでは、なんとなく勉強して、なんとなく部活をしてという中学校生活でした。野球部に所属していて、特別うまいわけではありませんでした。平日も土・日も練習時間が長く、成績は学年でビリグループの一人に。地元の不良グループと変わらないレベルでした。

しかし、離婚を機に「父親の収入では私立高校には行けない」と思い、公立合格を目指して猛勉強を始めました。

東京などの首都圏では、頭の良い子が偏差値の高い私立高校を受験するイメージですが、地方ではそもそも高校の数が少ないので、勉強できる子が地元の公立進学校、勉強ができないと偏差値の低い私立高校へ進学するのが一般的でした。

そこで中学2年生の終わりから本気で勉強を始めました。授業中は真剣に聞いて、家に帰ってから寝るまでずっと勉強するという生活です。

しかし、もともとのスタート地点が悪かったこともあり、成績はそれほど上がりませんでした。

結果的に公立高校に進学することはできましたが、入学したのは偏差値43、倍率0・97倍という、名前を書けば誰でも合格できるような高校でした。しかも男子の9割がヤンキー、女子の8割が茶髪という学校です。

女子はすっぴんで登校し、授業中に化粧をして、放課後は校門の前にお迎えの改造車が並びそのまま夜遊びへ。

男子は学校の近所でタバコを吸ったりして退学者が後を絶たず、授業中も爆音を鳴らしたバイクが学校の周りを走ったりと、とてもではないけれど勉強するような環境ではありませんでした。とはいえ、そんな学校でも真面目な子、ヤンチャだけど熱い子も多くいました。

部活は文化系も体育会系も盛んで、体育会系の推薦で大学に進学する子もいますが、1学年に1クラス分ぐらいは退学者が出るような学校です。

卒業しても、地元に就職したり専門学校に進学できるのはまだまともなほうで、水商売やフリーター、早々にデキ婚するような、典型的なマイルドヤンキー製造高校でした。

最初は「勉強するぞ」と意気込んでいた僕も、かわいい子が多いからと吹奏楽部に入り、希望者が少ないという理由でトロンボーンを担当していました。

しかし、音楽室で先輩に誘われて一緒に花火をしたのをきっかけに3日間の停学処分をくらい、停学あけに部室に顔を出すと、夏の大会前の貴重な時間を奪った僕に大ブーイングが起きました。

それを機に「本気で音楽をやろう！」とスイッチが入り、明けても暮れてもトロンボーンに熱中して真剣に練習しました。

楽器も自分でアルバイトをして20万円ぐらいのトロンボーンを買ったり、四日市までプロの先生のレッスンを受けに行ったり、音楽理論も勉強しました。

高校3年の夏の吹奏楽コンクールが終わるまでは、朝6時に学校に行き朝練をし、夜は終バスの時間まで練習していました。

小学校のときは習い事も全然続かなかったのですが、僕にとってはやっとハマるものが見つかったという感じで、ただただ楽しかったし、上手になりたい、プロミュージシャンになりたいという一心で頑張っていました。


当然、音大に進学するつもりでしたが、その学費を知って家計的に無理だと断念……。私立の音大だと1000万円ぐらいかかるのです。

そこで勉強を頑張ることにし、代々木ゼミナールに通って猛勉強を始めました。真剣に私立大学のトップである早稲田か慶応を目指していました。

とはいえ、偏差値が低い高校で、音楽ばかりやっていた偏差値35の人間が、高校3年の夏から勉強したって全然ダメなのは自明の理です。

唯一、お金さえ払えば誰でも行けるボーダーフリーと呼ばれる大学に合格しましたが、学費が高かったこともあり浪人を決意しました。

睡眠時間3時間で勉強した浪人時代

高校を卒業し、名古屋の代々木ゼミナールで浪人生活が始まりました。

ゲームでも音楽でも勉強でも、ハマると徹底的にやり込む性格だったので、浪人1年目は睡眠時間を削って勉強し、寝る以外のほとんどの時間を勉強に費やしました。

高校の卒業式にできた彼女とも別れて、友だちと遊びに行ったりすることもありませんでした。

でも、そのときの僕は不安すぎて、みんなよりも出遅れているのでどうしたら追いつくことができるのだろうか？とのあせりばかり。勉強の質や効率よりもまずは圧倒的に足りない勉強時間の差を埋めたいと、とにかく勉強に時間を費やしました。

朝は6時ぐらいに起きて、三重県から名古屋の代ゼミに行き、食事は毎日マクドナルドのハンバーガーセット。終電まで自習室で勉強し、三重県の地元駅に父親が迎えに来てくれて、2人でジョリーパスタという地元のパスタ屋に行って、僕はモッツァレラチーズとナスのパスタの大盛りを食べて、家に帰ってまた3時まで勉強していました。

今思うと、よくあんなに勉強したなと思います。疲れ果てて、しょっちゅう机で気を失うような感じで寝ていました。体調管理もボロボロの最悪の状態で、肌も荒れるし太るし、毎日フラフラしながら勉強していました。

土・日も自習室にこもって勉強し、本当に誰とも話をしませんでした。1年間、父親以外の人と話したのは、コンビニでパスタを買ったときに唯一、「温めてください」と言っただけかもしれません。

成績も1年間で偏差値を35から58まで上げました。しかし、浪人1年目の結果は早慶上智、関関同立、明青立法中、全落ちでした。妥協はしたくなかったので、行きたいところしか受けませんでした。

ボッタくられて二浪を決意

気合いと根性で勉強した浪人1年目、さすがに全落ちはショックでした。

すべての大学から拒否されたというショックで、僕は最後の大学の合格発表の日の夜、自転車でそのまま逃避行動に出ました。

夜の田舎道を泣きながらママチャリで疾走しながら、浪人時代の1年間が走馬灯のように駆け巡りました。

そして、気が付くと三重県鈴鹿市までたどり着いていました。実家からは20キロぐらいの距離だと思います。

深夜で店も居酒屋ぐらいしかあいてなかったので、その辺りの居酒屋に入って席に座るとボロボロと涙が溢れてきました。

店員さんが「どうしたの?」と声をかけてくれ、泣きじゃくる僕の話を聞いてくれたのですが、その人はバイトの時間が終わり、僕を置いて帰ってしまいました。

居酒屋を出てフラフラしていると、キャッチのお兄さんが「何かあったの? 店で話を聞いてあげるよ」と声をかけてくれ、連れて行かれたのがボッタくりバーだったのです。

年齢不詳の女性が、「お兄さん、飲もうよ」と相手をしてくれて、受験勉強ばかりでほとんどお酒を飲んだことがない僕に『鏡月』のボトルをすすめました。

ボトルに入っている謎の液体を何杯も飲まされて意識を失い、気が付くとパンチパーマの怖いおじさんが僕の顔をのぞいていました。

そして55万円の請求書を手渡されたのです。そのとき財布に入っていたのは1万円札1枚。お金がないと言うと、免許証か学生証を出すように言われました。

どちらもないと言うと、怖いおじさんに住所、名前、携帯電話番号を紙に書けと言われ、住所と名前は適当に書きました。しかし、携帯電話番号は本当の番号を書きました。なぜならこのパターンの場合、電話番号がうそではないか確認するために、相手はその場で電話をかけるというのを曲がりなりにもヤンキー校出身の僕は学習していたからです。

案の定、僕の電話が鳴り、「よし」と怖いおじさんがうなづき、「絶対返すんだよ」と54万円の請求書を渡されて、店から出されました。

もちろん、翌日、速攻で携帯電話は解約しましたが、しばらくは「あの怖いおじさんに道で会ったらどうしよう」という不安がありました。

家から外に出たくなかったので、どうせ家にこもっているなら勉強しようと、再び前向きな気持ちになり、二浪を決意しました。

再び予備校生活が始まりましたが、二浪目は一浪目の「気合いと根性」で睡眠時間を削って勉強するのではなく、24時に寝て朝6時起床という生活に変えました。浪人1年目の生活で、睡眠時間を削るといかにパフォーマンスが落ちるのか、それが結果に結び付かないのかを実感したからです。

1年目は本当に体調を崩すような頑張り方でした。コンディション管理もしっかりせず、質より量、寝たら負けぐらいの根性論で勉強していたので、はたから見ればとても頑張っているけれど、効率的な頑張り方ではありませんでした。

また、2年目は予備校で仲の良い友人もできたので、その友人と2人で昼にラーメンを食べに行ったり、勉強方法やおすすめの問題集などの情報交換をしたり、くだらない話をしたり、健全な浪人生活を送っていました。

その結果、翌年には立命館大学と明治学院大学に合格しました。これは僕が卒業した高校では異例中の異例の出来事、創立以来の快挙だったようです。

10代での経験が起業人生の礎になった

振り返ってみると、10代のこういった努力で、今の成功の礎がだいぶ固まっていたと思います。

礎を築くために役立ったことは2つあります。

1つ目は学校の行事や部活を楽しんで真剣にやっていたこと。文化祭や体育祭、音楽祭などありますが、それに周囲と取り組むことで、自分の好き嫌いや得意不得手など、適性がわかります。

また、部活から学べることもたくさんあります。

上下関係、チームワークなど人間関係の構築の仕方であったり、個々の技術向上のためや大会での結果など、目標設定やそれに向けての練習プランを考えたりといったことは、仕事とすごく似ています。

仕事も、上司、先輩、同期、後輩、クライアントさんなど、多くの人と関わりながら成果を上げることが目的なので、部活から学んだことはとても大きいと思っています。

2つ目は受験を頑張ったこと。これは成功体験を得られたということです。中学受験、高校受験、大学受験、なんでもいいですが、受験勉強をしっかりやって結果を残すということが大事です。

僕は第一志望の早慶は落ちてしまいましたが、目標を高めに設定して、それに向かって真剣に勉強するという経験はとても大切なことだったと思っています。

逆に、もっとこれをしておけば回り道をしなくて済んだと思うのは読書です。

今でこそ、『ＹｏｕＴｕｂｅ図書館』というチャンネルを運営し、年間何百冊もの本を読んでいますが、中・高校生時代の僕は全然本を読みませんでした。

本を読むことで、いろいろな人の疑似体験ができます。スポーツ選手の本を読めば、プロ選手とはどういうものかがわかるし、経営者の本を読めば経営者の心得、マネジメントに関わっている人の本を読めばその方法など擬似体験としていろいろな経験ができます。

小・中・高校時代から、絵本や小説、もちろん漫画でもいいので読書をする習慣を身に付けておけばよかったと思っています。

とくに大人になって感じたのが、知識がないと人にだまされるということです。僕は起業して2～3年目、20代のときに投資詐欺に遭ったことがあります。今だったら絶対に手を出さないような怪しい案件です。

そのころは全く投資の勉強をしていなかったので、「そういう世界があるんだ」とコロッとだまされてしまいました。

今は本を読んで投資の勉強をしているので、その詐欺はポンジ・スキームと言われる有名な投資詐欺の方法だとわかりますが、知識や経験のない20代の自分はだまされてしまったのです。

人間、知らない分野のことはだまされやすいものです。

たとえば、医学についての知識が弱い人は、「どこどこに行って、こういうのを受けるとすごく効果があるよ」と周りの人に言われて注射を打ったり、施術を受けて高額な保険外診療費を払うなど、効果がないうえに悪質な民間医療にだまされたりします。

もしくは、アパレルの分野でも知識がないと、「これはカシミアのマフラーで、カシミアにはランクがあって、これは最上級のものなので5万円します」と言われたら、「ああ、そうなんだ」と、ウールの安いマフラーをだまされて買ってしまいます。

しかし、知識があれば、「医学的にその考えはおかしいのでは？」とか、「カシミアはウールよりも繊維が細くて軽いはずだから、この素材は違うのでは？」というように、気付くきっかけになります。

ことです。

人生には正解がないことを知れた

ほかにも10代で学べて良かったと思うのは、「人生には正解がない」ということを知れたことです。

義務教育は何が正解なのか、唯一の答えを探しがちです。義務教育で良い成績を取ったり大学受験で合格するには、点数を取ることが大切になります。そのためには正解を当てていく必要があるし、逆にいえば正解さえ答えることができれば結果が出ます。

しかし、自分自身の「人生」には、勉強の世界と違って正解がありません。そこを理解せずに、人生の正解は何かという思考で20代を迎えると、生きづらくなったり、やりたいことにチャレンジできなくなります。

僕の場合は親が離婚して、当時、自分たちの家庭が一般的に「正解」と言われるものではないことを経験しました。

しかし、親が離婚したからといって人生が奈落の底に落ちたわけではなく、離婚後も仲の良い両親の姿を見ていたので、「人生に正解がない」ということを身をもって感じました。

そして、そういう背景があるためか、僕の中には、あえてマジョリティよりマイノリティになりたいという気持ちが育っていったようです。

たとえば、親が離婚をするのも、ヤンキー高校から一流大学を目指すのも、確実に受かる大学を受験しないのも、二浪をするのも一般的に考えれば「正解」ではありません。

でも、そういう一般的なレールから外れても、それでもなんとかなることを、僕は早い段階で経験できたからこそ、普通の人がしない選択をすることに躊躇がなくなりました。

だからこそ、その後、公認会計士試験に大学在学中に合格し、卒業後に有限責任監査法人トーマツに入社しても3年で退職し、起業することができたのだと思います。

大学入学と同時に資格取得を目指す

二浪の末、立命館大学産業社会学部に合格。入学式は京セラドームで行われました。新入生が1万人いるのを目の当たりにして、僕は「自分は絶対に金持ちにはなれない」と思ったのです。

当たり前ですが、1万人全員がお金持ちになれることはあり得ません。いわゆる偏差値の低い高校から立命館に進学したら、その高校の中では先頭に近づくかもしれません。

しかし、早稲田、慶応、東大に合格して入学式で横並びになったら、もちろんその入学式という場に立てているという段階では成功ですが、その中から頭1つ抜け出すには、結局そこから再スタートしないといけません。

お金持ちになるには、一流大学に入学して大企業に就職すればよいと考え二浪しましたが、1万人のライバルを蹴落として大企業に就職するためには、二浪はかなりのハンディキャップです。

そこで、ほかの人が持っていないような難関国家資格を取得することを決意しました。これは立命館大学に合格したあと、自分なりにリサーチした結果です。

お金持ちになれる資格といえば医師、弁護士、公認会計士です。

文系の僕でも努力で取得できるのは弁護士か公認会計士の資格ですが、弁護士よりも公認会計士のほうが向いていそうだと考え、在学中に公認会計士試験に合格することを目標にしました。

そこで、父親と入学式の帰りに資格の学校、ＴＡＣに申し込みに行きました。

もちろん、「お金持ちになりたい＝家計を支えたい」という考えもありましたが、やはり二浪した分、その後に何かしらの結果を出さないと親にも示しがつかないという気持ちがありました。

早慶、立命館レベルの大学に行く人は年間何万人もいるわけですし、そんなに自慢できるものでもありません。

二浪もさせてくれた父親に親孝行をしたいし、子どもが「医師、弁護士、公認会計士、税理士」のようなわかりやすい資格を取って、安心させたいというのも大きかったのです。

公認会計士が独立するといくらぐらい稼げるのかを調べてみたところ、当時で年収600万円くらいでした。資格を取らずに大学4年間真面目に大学に行って授業に出て、単位を取って、就活をして大企業に就職できたとしても、初任給は300万、400万円です。それだったら、その4年間を資格取得に使って、卒業後に高い年収からスタートしたほうがラクなのではないかと考えました。

ですから、大学に行って4年間遊ぼうという気持ちは全くありませんでした。二浪してわざわざ大学に行って4年間遊んでいるのもバカすぎますし、そもそも中・高で遊びまくっていたので、わざわざ大学で遊ぶ必要もありません。

僕は目標のない勉強は嫌いですが、結果を出すために勉強することは全然いとわないというか、むしろやってやろうというタイプ。

大学のキャンパスは京都だったので、入学式後に父親と千房でお好み焼きを食べてTAC京都校へ行き2年コースに申し込むと、「今日は入学式なのに早いですね。そんなに意識が高い人はいないですよ」と言われました。

僕がなぜ二浪したかというと、シンプルに出遅れたからです。小・中・高とそれなりに勉強してきている人は、そのまま現役か一浪くらいで合格できます。

二浪したときに思った反省点は、もっと早く勉強をやっておけば、絶対にもっと早く結果が出たはずだということです。ですから、公認会計士試験の勉強も早くスタートしようと思ったのです。

公認会計士試験や税理士試験の勉強は、結局、大学生になってから始めるわけなので、スタートラインが一緒であれば、僕も必ず結果を出せると信じていました。

世間的には公認会計士試験は難しいイメージがありますが、僕としては、誰もが同じスタート地点、つまりゼロから学べるので、気持ち的には全然ラクに感じました。

大学4年生で公認会計士試験に合格

浪人時代の非効率な勉強方法を反省し、公認会計士試験の勉強にはその反省点を活かしていたので、勉強はラクではありませんでしたが、ストレスなく過ごせました。

2〜3年の長い勉強期間を、いかに集中力を保ちながら、健康的にパフォーマンスを発揮できるか、息抜き、食事管理、睡眠管理などもしっかりと考えていたので、つらい感じは一切ありませんでした。

大学が始まってからは、朝6時にカフェ・ベローチェに行ってモーニングを食べながら勉強し、TACの授業へ行き、授業が終わってからもTACで勉強し、閉館になったらマクドナルドに行って23時とか24時まで勉強するという生活を送りました。

彼女がいたので、唯一日曜日だけ18時に勉強を終えて、その後に会っていました。


大学の授業はいわゆる楽単、出席を取らなかったり、レポートだけでOKだったり、期末テストがノートや教科書などの持ち込み可の科目ばかりを選んで取っていました。

TACでも「大学に行っている人は合格しない」と言われていたぐらいで、大学の授業は公認会計士の試験に1ミリのプラスにもならないので、全然学校へは行きませんでした。

それに、公認会計士試験に合格すれば、大学を卒業しているかいないかは関係ないので、最悪中退でもいいかなと思っていました。


結局、大学3年生の5月に短答式試験に合格し、4年生で論文式試験に合格し、在学中に公認会計士試験合格という目標を達成することができました。

そして、大学も4年でギリギリ卒業できました。

人間関係の断捨離をする

大学時代はバイトをせず、友人を作ることもありませんでした。

大学へ行っても、周りの学生からしたらおそらく僕は、「関わってはいけないやつ」みたいな感じだったと思います。同級生とは完全に距離を置いていました。

表現は悪いですが、「大学の同じ授業を受けている人と関わったらもう終わり」と思っていました。

なぜなら僕は、将来の人生を変えるために大学に行っているわけです。軽い気持ちで大学に入って、バイトやサークル活動などでいろいろな経験をしたいとか、友だちを見つけたいとかではありません。

目標はただ1つ、公認会計士試験に合格することです。

それに、誰かと仲良くなって「ご飯に行こうよ」「飲み会に行こうよ」「バイトして旅行に行かない?」と、そういった楽しい誘いの言葉も聞きたくありませんでした。

こちらは打席に集中してバッターボックスに立っているのに、「バットを振るよりもピザ食おうよ」とか「お酒を飲みに行こうよ」などと言われたら集中ができません。

ですから、完全に人間関係はシャットアウトしていました。

実際、人間関係の断捨離をしっかりやらないと受からないと思っていました。これは試験勉強に限らず、目標を達成するには、なんだってそうだと思います。

勉強方法がいくら正しくても、付き合っている人間関係が勉強にふさわしくなかったり、目標達成にふさわしくない人と付き合っていたら、受かるものも受からないと思います。

肩書きで人生大逆転のチャンスをつかむ

当時は、「親孝行をしたい＝お金持ちになりたい＝難関資格を取得する」という理由で公認会計士試験の受験を決めましたが、試験に受かったことは、僕の人生で本当に大きなことでした。

僕自身は大学受験のほうが大変で、すごくつらかったですし、頑張ったなという印象がありましたが、大学合格によって得たものより、公認会計士試験合格で得たもののほうが、その後の人生でのメリットは全然大きかったです。

たとえば、公認会計士と税理士の資格を持っていることで、起業をしたときの第一印象が全然違うのです。

もちろん「立命館大学卒業」という肩書きも悪くはありませんが、やはり士業のほうが、信頼度が全然違います。

最終的には、もちろんその人にもよりますが、中卒と大卒であれば、大卒のほうがきちんとしていそうなイメージがありますし、大学でも、東大、京大、早稲田、慶応に行っているほうが、ちゃんと勉強したんだなと思われます。

野球の世界だったら甲子園に出てピッチャーをやっていたとか、陸上であれば箱根駅伝に出場していたほうが、やっぱり印象がいいですし、最初の第一印象で信用されることも多いものです。


とくに起業してからは、そういった看板の力は大きいと思います。看板はいいほうが人脈も作りやすいですし、わかりやすい肩書きがあったほうが絶対に有利です。

やはり、それなりの学歴や資格を持っている人は、それ相応の努力をしたという証明にもなります。もちろんそれがすべてではありませんが、何かをやらせても頑張るとか、忍耐力があるとか、ある程度の指標にはなります。

公認会計士試験合格は、僕にとっての人生大逆転となりました。

●お金を出してくれた親に感謝

大学時代、京都で1人暮らしをしていたときは、親に家賃を払ってもらい、仕送りも毎月10万円ぐらいもらっていました。

これは、母方の祖父が孫のためにと貯金してくれていたもので、孫が20歳になったら渡そうとしてくれていました。それが1000万円ぐらいあったそうです。

学費や仕送りは父親が送ってくれ、詳しい話を聞いたことはありませんが、おそらく母親側が離婚するときに、子どもたちが不自由しないようにと、ある程度まとまったお金を渡してくれたのだと思います。

ですから離婚したあとに僕は、「父親を支えないと」と思っていましたが、父はその後、駐車場の事業とかも始めていたので、実は結構お金があったんだろうなと、今振り返ると思います。

ただ、父親は無駄遣いをしないタイプだったので、その姿を見て、うちは貧乏なのだと思い込んでいたところはあります。

ともかく、ある程度、家にお金があったのは僕にとってすごくプラスでした。通っていたTACでも、社会人を経験してからバイトをしながら公認会計士試験を目指している人がいましたが、なかなか大変そうでした。勉強時間も減るし、アルバイト仲間と仲良くなって飲みに行ったり遊びに行ったり、誘惑もいろいろあります。

僕は、たまたま母親の実家が裕福で、本当に恵まれていました。祖父は農業や漁業などの事業をやっており、株や不動産も持っていたので配当金や家賃収入もあったようです。しかもすごい倹約家で、お金を全然使わずに事業投資に回していました。そう考えると、僕の性格は祖父譲りなのではないかとも思っています。

あきらめの悪い性格、やると決めたらやる

こうして振り返ってみると、僕は不器用ですが、一回これをやると言ったら絶対やると

いう有言実行、初志貫徹のタイプなのかなと思います。

飽き性でもあるので、部活や習い事も興味のないものは続きませんでしたが、何かに没頭したら、脇目もふらずにガーっとやるタイプです。

途中でやめたくならなかったのは、費やした時間分、結果を出さないと気が済まないみたいなところがあったからかもしれません。

公認会計士試験の勉強も、僕にとってはギャンブラーの考えと一緒。パチンコ、競馬、カジノ、ポーカーなどにハマる人は、つぎ込んだ分のお金や時間を回収しなきゃみたいな意識があると思います。

それと同じで、これだけ勉強に対して時間もお金も投資しているのだから、絶対「合格」を勝ち取って回収するまで続けよう、という理屈です。

二浪で立命館大学に合格し、在学中に公認会計士の試験に合格できたのは、やはり最後まで奇跡を信じる力も大切だったのかなと思います。99%はうまくいかないけれど、残りの1%にかける、まさにギャンブルです。

一般的に考えたら公認会計士や弁護士になれるとか、東大・京大に合格できるのはかなり確率の低いギャンブルです。

でも、僕は親の離婚を経験し、そういう意味では少数派に属した経験があるわけですから、少ない確率の中に自分が入ることは十分あるはずだと、根拠は全然ないですが妙な自信があったのかもしれません。

ですから、浪人とかもそうです。周りが誰も浪人していない中、自分がその選択ができたのは、「普通はしないけど、そういうことをやっても自分は大丈夫」という根拠のない自信が大きかったからだと思います。

それに、あまり頭が良くないことを十分理解していたので、根性や情熱の部分で、「自分は絶対に受かる」という気持ちと、勉強時間の長さでカバーしていました。

僕が通っていたＴＡＣ京都校は、だいたい京大、立命館、同志社の３つの大学の生徒が通っています。

自分から大学名を言うわけではありませんが、だいたい噂で、「あの人は京大だって」と知れ渡ります。そして、京大の人たちを見ていると、僕とは勉強時間が全然違うのです。当時は朝、実践トレーニングと呼ばれる模擬試験の日が週に2～3回ありました。僕はその問題を解き終わるのに、いろいろ調べたりすることもあって毎回夜の21時くらいまでかかるのですが、彼らはだいたい朝来て問題を解き、夕方くらいには帰っていきます。

よく東大・京大合格者の街頭インタビューで、「全然、勉強していなかった」と言う人がいますが、あれはうそではなくて本当だと思います。

とにかく要領がいいのだと思います。公認会計士の試験には論文の試験もありますが、もともとの文章力や構成力、解釈力が高いのでしょうし、インプットやアウトプットの質も高いはずです。

問題を見た瞬間に、「この出題は、こういうことを問いたいはずだ」と意図がわかれば、ここは落としてもいいとかの判断ができます。そもそも、そういうふうに普通の人間がわからないことができるから、東大や京大に行けるわけです。

ですから、そういった人たちに勝つためには、勉強時間を増やすしかないわけです。しかし、逆にいえば勉強時間を増やせば、どんなに要領の悪い人でも合格することができると言えるのです。

●つらいことは幸せなことととパッケージ

受験勉強も公認会計士試験の勉強も、それ自体はつらいものでした。でもだからこそ、ちょこちょこと楽しい時間を挟むようにしていました。

たとえば、公認会計士試験に合格すれば、高収入が約束されていると思っていたとしても、やはり勉強しているという現実は、日々つらいわけです。しかし、「1週間勉強を頑張れば、日曜日の夜に彼女と会える」というように、つらいことと幸せなことをパッケージにすることで乗り切っていました。

勉強以外に筋トレなども同じです。やっているときは、すごくつらいです。筋トレをすることで筋肉がついたり健康的になれるとか、いいことはわかっていますが、なかなか頑張れないこともあります。

そんなときは、「筋トレのあとには、好きなラーメンが食べられる」と考えるようにして乗り切るというわけです。

せっかく筋トレをしたのにラーメンを食べてしまったらプラマイゼロかもしれませんが、なんでも完璧にしなくていいというのも、僕の考え方の1つです。

勉強でも仕事でも筋トレでも、大変なものやつらいもの、つまらないものをいかに楽しくするか、そういう工夫や考え方を身に付けることは、人生を楽しく過ごすためにすごく大事な気がします。

たとえば、すごくイヤな資料を作らなくてはいけないときも、大好きなフラペチーノを飲みながらだったら楽しくできるということがありますよね。

昼休みや、ちょっとした休憩時間にコーヒーを飲むとか、これが終わったら○○をするというように、ちょいちょい楽しい時間を作ることが大切です。

学校や会社は、基本的には月曜日から金曜日までがONで、土・日がOFFというリズムで続きます。

仮に月曜日から金曜日までつらかったとしても、土・日にリフレッシュできれば、日曜日の夜に「明日からも頑張ろう」という気持ちになれます。

僕の周りの人を見ていても、土・日がつまらない人は、精神的にもマイナスの方向に行きがちです。

仕事が終わってから友だちや恋人と会うのもいいですし、映画、お酒、ゴルフ、筋トレ、長風呂、なんでもいいので、自分が本当に楽しい、幸せと思えるものを持つことが大切です。

できればインドアとアウトドア、個人でやるものと誰かとやるものというように、バランスよく複数あるほうがいいのではないでしょうか。

僕の場合は、食べることが好きだったので、社会人になってからは、仲間とおいしいご飯を食べてお酒を飲んで、くだらない会話をしたり、将来の話をしたり、当時の悩みや見た映画の話などをして、笑って過ごせる時間を必ず作っていました。

もちろんずっと1人でいたい人もいるかもしれませんし、1人飲みもいいですが、誰かと一緒にご飯を食べたり、ゴルフの練習に行ったり、筋トレしたりすることには、1人では得られない良さがあります。

仕事が終わったあとや土・日に、小さなご褒美ではありませんが、どんなに忙しくても自分が楽しくなれる時間を設けて、「今日も頑張ってよかった」というように、終わりをきれいにして幸せな気分で寝ることが、メンタル面での健康管理において、とても大切なことだと思います。

20代でやったほうがいいこと

10代は働く前の土台作りの時期ですが、20代は自己投資をして自分を成長させる時期だと思います。

僕は二浪したので20代前半は学生でしたが、ほとんどの人は社会に出て働き出す年齢です。

そこで、20代はビジネスマナーを養ったり、本を読んだり、プレゼン能力を上げるなど、自分の専門知識や専門分野を決め、そのスキルを上げたり、人脈を広げるとか、資格を取ったりすることが大切だと思います。

また、学生のころの人間関係は、年齢の幅が狭いです。

たとえば、先生は別として高校1年生ならせいぜい2歳上の3年生の先輩ぐらいしか話せる人はいません。部活をやっていれば、たまにOBが顔を出してくれますが、基本、卒業しているので身近にはいません。

しかし、20代で会社に入れば、10歳上、20歳上、30歳上の先輩が社内にいるので、人脈の作り方も学生のころとは変わってきます。

僕は、もう一回人生をやり直せるのであれば、10代、20代のころに留学や海外旅行をしてみたいと思っています。

海外で異文化に触れたり、日本語が通じない環境に行くことによって、いろいろな価値観を知ることができ、世界が広がるからです。

ほかには、転職したり、興味ある人は副業をしてみるなど、働いて給料を得るだけではなくて、自分でお金を稼いでみることもいいと思います。

初めての会社が、自分にとって一番いい会社になる可能性は低いと思います。これは、初めて付き合った人と結婚する人が、ほとんどいないのと同じです。

昔の日本は終身雇用制度があったので、定年まで勤め上げるのが普通でしたが、最近では大卒新入社員の3年以内の離職率は約3割にもなっています。

恋愛でも仕事でも、人間関係に関わるものは、実力5割、運5割ぐらいだと思っています。どれだけ実力があっても、良い運に恵まれなければ、就職でも就職後の仕事でもうまくいきません。

その逆に、実力はそんなになくても運が良くてうまくいくこともあります。

ですので、1つの会社に固執することはないと思っています。たとえば、高所恐怖症の人が高層ビルの窓の掃除をしろと言われても、怖いし、楽しくやろうと思ってもできません。

それと同じように、自分で解決できるものとできないものを見極め、できないものの場合は、やめる決断をするのも大事なことです。

たとえば、会社で最悪な人間関係の人と毎日会わないといけないとか、そういう自分では解決できなさそうなつらいことであれば、僕は会社を辞めてもいいと思っています。

ブラック企業もそうですが、「人生、逃げるが勝ち」ではありませんが、精神的につらくなるほどの環境には、見切りをつけるべきです。

人生、基本的には何歳でもやり直しができると思っていますが、年齢を重ねるごとにそのチャンスは少なくなっていきます。20代は精神的にも体力的にも時間的にも、可能性がまだまだ多い時期です。

そして、そんな時期だからこそ、若いからといって無茶をせず、食事・睡眠・運動などの生活習慣を整え、上手にストレスを発散させて体と心の健康を保ち、いつでも準備万端というか、行動に移せるようにしておくことが大切だと思います。

第2章
就職～起業

◆公認会計士試験に合格して就職

大学入学と同時にTACの2年コースに入学して公認会計士試験の勉強をし、3年生のときに受験しました。当時は、短答式試験と論文式試験があり、一回短答式試験に受かると、翌年から2年間の短答式試験は免除になりました。

僕は3年時に短答式試験に合格しましたが、論文式試験は落ちてしまったので、4年生の8月にもう一回論文式試験を受けました。11月に合格発表があり、在学中に公認会計士試験合格という目標を達成することができました。

公認会計士試験に合格すると、ほとんどの人が日本四大監査法人といわれるところを受けます。世界における四大会計事務所であるDeloitte、KPMG、EY、PwCのそれぞれと提携しているトーマツ、あずさ、EY新日本、PwCのビッグ4といわれる監査法人です。

ＰｗＣだけ少し規模が小さいので、トーマツ、あずさ、ＥＹ新日本が人気で、今も僕たちのときも一番Ｄｅｌｏｉｔｔｅトーマツが人気でした。

４社受けて全部受かったか記憶にはないのですが、そもそも監査法人は、例外はあるものの基本的に公認会計士試験に合格者した人しか入社できませんので、大学生のうちに合格していれば、ほぼ受かります。なぜなら会社としても理想は新卒を採りたいからです。

公認会計士試験は、社会人経験を経てから受験する人も多いので、30歳、40歳で合格する人もたくさんいます。ですから二浪の僕でも、かなり有利に就職活動ができたのです。

僕が公認会計士試験に合格したときは、２５００人ぐらい合格者がいましたが、各監査法人が５００〜６００人と大量に採用するので、公認会計士試験に合格すれば就職も内定したようなものです。

結果、僕はトーマツに就職し、同期は４００人ほどいました。

公認会計士試験に合格し、2年間（現在は3年）の実務経験をして日本公認会計士協会の単位を取ったり研修を受けたりすると、資格が付与されて公認会計士登録ができます。それで初めて肩書きに公認会計士と書くことができます。

長い道のりですが、公認会計士登録をすると、税理士と行政書士の資格も登録できます。

税理士試験は科目合格制なので、必須科目、選択必須科目、選択科目の11科目の中から5科目合格しないと税理士になれません。

会社員をやりながら少しずつ取っていくならいいですが、まとまった勉強時間を取れる人の場合は、公認会計士を取ったほうがラクのです。それも僕が公認会計士試験を選んだ理由の1つでした。

とはいえ、公認会計士の業務と税理士業務は全然違うので、税理士登録ができても、税理士として仕事をしていくには税理士事務所に入って実務経験を積まないと、独立は厳しいと思います。

◆僕には「いい未来が待っている」

監査法人の定期採用は、公認会計士の試験スケジュールに合わせて行われています。四大監査法人の場合は11月の合格発表後に就職活動が始まり、12月、1月入社が一般的です。公認会計士試験の合格後にエントリーシートを出して、説明会、面接と、2週間ぐらいで決まってしまいます。

トーマツは東京駅八重洲口にあるフォーシーズンズが入っているビルにありました。そこで僕は大学卒業までは新幹線通勤をすることにしました。

大学4年生は、最初の3カ月は非常勤勤務というアルバイトのような形で、研修ばかりでした。アルバイトといっても時給が3000円とか3500円です。

時給3000円としても1日8時間で2万4000円、1週間働けば約12万5000円、1カ月で50万円です。

当時、京都ではアルバイトの時給が９００円とか１０００円だったので、まさに「いい未来」にとても衝撃を受けたのを覚えています。

上司には仕事に集中するため、大学をやめて上京するように提案されましたが、残りはテストを受ければいいような授業ばかりだったので、なんとか両立しながら無事卒業し、４月から晴れて正社員としてスタートしました。

このとき僕は、「これでいい未来が待っている」と思いました。

在学中に公認会計士試験合格を達成できるほど無我夢中で勉強を頑張ったのは、そもそも初任給の金額や、監査法人で30歳、40歳になったときの収入、独立したときの平均年収などの情報をＴＡＣや大原などの資格学校の説明会で知り、「めっちゃいいじゃん」と思ったからです。

「公認会計士試験に合格して2年間働いて、まずは公認会計士登録と税理士登録をしっかりすれば、いい未来が待っている」と、どんなにつらくても、この「いい未来」を信じているから、つらい試験勉強も乗り越えられたのです。

ですから入社時には、「監査法人に入っても、実は監査の仕事はつまらないかも」とか、「すぐ辞めたくなるかも」とか、「ブラック企業なのかも」といった想定は一切していませんでした。

そもそも、そういうマイナスイメージが生まれるようなことは資格学校の説明会では絶対に言ってくれません。

「公認会計士は素晴らしい資格なので試験合格を目指して、資格を取ったら一生安泰ですよ」と、ある意味洗脳されていました。ですから、会計業務の内容については「会計監査をする」ぐらいのイメージしかなく、「この仕事がしたい！」というような強い思いはありませんでした。

大学受験生が「早慶に合格すれば、人生が変わる！」と、漠然とポジティブなことがたくさん起こるようなイメージをしているように、公認会計士になれば自分の人生がまるっとすべてうまくいくような錯覚を覚えていたのです。

企業を担当し実務をスタート

入社後は、担当の企業を割り振られます。

日本は3月決算の会社が多いので、4月中旬ぐらいから企業に出向いて監査をします。最初は、会社法監査という会社法に基づいた決算書の監査をし、その後に金融商品取引法に基づいた有価証券報告書の監査をします。

会計監査はチームで動くので、新入社員は最初は簡単な監査しか任せてもらえません。それでも僕が担当したクライアントで一番大きいのは、東証一部上場企業で年商3000億といった規模でした。ほかにも流通業界の大手企業など、何社か掛け持ちで担当しました。

大企業となるとパートナーが2人、シニアマネージャー1人、マネージャー1人、シニアスタッフが2〜3人、スタッフが3〜4人といった感じで11〜13人でチームを組んで仕事をします。

監査の仕事はとても細かく、勘定科目ごとに何をチェックするかが決められています。たとえば、貸借対照表には資産の部、負債の部、純資産の部があり、資産の部であれば、現金、売掛金、土地、建物があり、負債の部は借入金、買掛金、純資産であれば資本金、利益剰余金といった具合で、細かくチェックしていきます。

そして、監査というのは粉飾決算が起きていないかを調査することなので、たとえば現金が2000万円と書いてあれば、実際に2000万円が本当にその企業にあるのか、会社にある金庫から全部お金を出してもらって数えるという仕事をします。

新人社員には、基本的にどう見ても間違いがない作業を任せるので、僕も現金を数えたり、預金を調べるのに銀行に確認状を送って回答をもらう、といったことを担当しました。大手企業であれば、口座が100口ぐらいあるので、その100口に全部確認状を送って、戻ってきた金額と帳簿の金額が一致しているかチェックして、不正がないか調べます。

預金額などは基本、不正はありませんが、売上高や売上に基づく売掛金は、3月末決算なのに、4月の売上を3月に入れていないか出荷伝票を見たりします。上場企業は赤字になると株価も下がってしまうので、売り上げも伸びていて利益が上がっていると見せたいですから、そこに不正が働いていたりします。

ほかにも交際費、広告宣伝費、コンサルティング料などといった費目は、相手にお金を流して裏でキックバックをもらっていたりするので、さまざまなことを監査チームでチェックしていきます。

監査は上場企業の場合は年4回あります。第1四半期、第2、第3、年度末。上場していない会社でも、資本金や負債がいくら以上あるところは監査を受けなくてはならないと決まっています。

日本の会社は基本3月決算の企業がほとんどですが、2月決算のところも結構多いので、忙しいのは3月中旬から6月の末くらいまでになります。

監査は、基本的に会社が決算後に外部に開示する有価証券報告書を出したらほぼ終わりになります。有価証券報告書は上場企業に義務付けられている書類で、決算月の末日から90日以内に証券取引所や経産省へ提出します。

投資家はこれをもとに投資の判断をしたりします。

有価証券報告書は分厚いので、チェックにも時間がかかりますが、本当に忙しいのは3月中旬からゴールデンウィークが終わるぐらいまでで、7月になると一段落して閑散期となるので、長期休暇を取る人が多いです。

入社2年目で「退職」の文字が浮かぶように

4月に入社して正社員として働き、1年で一番忙しい4月の激務を終えましたが、浪人時代や公認会計士試験の受験をするときに朝6時から24時まで勉強していた僕からすると、ハードはハードでしたが、そこまで大変という印象はありませんでした。

もちろん、社会人1年目に与えられる仕事なので、基本的にリスクが少ない勘定科目を担当し、頭を使わない仕事というのもなんですが、単純作業的なものが多かったこともあります。

基本給は手取りで28万円ぐらいでしたので、残業をしない月は良くも悪くもなくという感じですが、繁忙期は残業代が付くので、一番多かった月は手取りで50万円ぐらいになりました。

定時は9時半から17時半で、暗黙のルールで22時以降は残業を付けられなかったので、マックスで1日4時間半の残業代が付けられます。たとえば4時間半残業したら、当時は1日に1万2〜3000円になるので、20日残業をしたら24万円ぐらい上乗せされます。ボーナスも年2回あり、90万円とか100万円ぐらいもらっていた記憶があります。大学を出たばかりで、この金額はほかの業界の年収に比べても多かったので、まさに「いい未来」を手にしたわけですが、2年目には会社を辞めたいと思うようになりました。

なぜなら、監査の仕事は基本的に「感謝」されないからです。基本、あら探しをする仕事ですので、監査される側の会社からすると僕らはうっとうしい存在です。「間違いがないのか？」とか「不正はしていないか？」という思考で来られるので、監査される側からすれば気持ちのいいものではありません。

対応する担当者も、「会計士先生、お世話になります！」みたいな人ならいいですが、口には出しませんが、大抵は「また来やがったよ」というオーラが出ています。法律上の義務があるから僕らに頼んでいるだけで、本来であれば招かれざる客です。

いつしか僕は、「会社を辞めたい」「いつ辞めようか」と考えるようになりました。「いい未来が待っている」と思って働き始めましたが、実際に自分が働いてみて、そして上司を見て、このままいることで、自分がより良くなる未来が想像できなかったのです。

僕の周囲を見てもつらそうな人しかいませんでした。パソコン仕事も多いし、責任も重いし、外から見たらいい会社で待遇も良く見えますが、現実はほとんどの人が会社を辞めています。

退職して投資銀行に行く人、事業会社の経理・財務・経営企画に行く人、税理士事務所に行く人、証券会社に行く人……。

公認会計士の資格を使った業務や会計に関連した業務をする部署であれば引く手あまたというか、転職先に困ることはありません。

転職せずに残っている人は、監査の仕事が好きとか、使命感を持っているというよりも、新しいことにチャレンジするのが苦手というか、新しいところで人間関係などのリスクを負いたくない、と考える人のほうが多いように感じます。

公認会計士は、日本経済を支える重要な存在で、監査があるからこそ企業の経営成績や財務情報の不正が起きずにいられるわけですが、現実に働いてみると、やっていることは言い方は悪いですが「あら探し」です。

しかも、会社と公認会計士のあいだに癒着がないようにするために、接待をしてはいけないと法律で決まっているので、長年付き合っていてもよそよそしい対応です。

税理士や弁護士は「ありがとうございます」とみんなに感謝されますが、監査の仕事は白バイ警察や生徒指導室の怖い先生みたいに、常に交通ルールや校則を破っていないかチェックしているため煙たがられる存在なのです。

タワマンに住んで感じたこと

就職して上京し、普通の賃貸マンションに住んでいましたが、一回、タワーマンションに住んでみたいと思って、入社2年目に引っ越しました。

当たり前ですが一般的にタワーマンションは家賃が高いので、その相場をエリアごとに調べて、一番狭くて一番安いところを選びました。

それは西新宿から徒歩8分くらいの場所にあり、1Kで6.5畳〜7畳くらいの広さで、家賃は10万8000円でした。1年目の年収が600万円ほどあったので、無理せず手が届く金額でした。

なぜタワーマンションに住みたかったかというと、普通の1人暮らしをするような1Kのマンションは、どの部屋の家賃も同じです。もちろん、角部屋など場所によって多少は違いますが、その差はせいぜい数千円程度です。

つまり家賃が同じであれば、自分と同じような年収の人としか会えません。

しかしタワーマンションは、間取りも1Kから3LDK、4LDKと幅広く、最上階のペントハウスの家賃は、100万円、200万円の世界です。

当時、僕が住んでいたタワーマンションは、33階建てで、サウナ付きの大浴場やトレーニングジム、防音の音楽室があり、一番上の家賃が60万円でしたので、その家賃を払っている人は、どんな人か興味があったのです。

タワマンに引っ越したのは、念願の公認会計士試験に合格し、監査法人の人気企業に就職し、「いい未来」の一歩を踏み出したものの、それが見えなくなってきたタイミングでもありました。

漠然と「もっと稼ぎたい」「上に行きたい」「お金持ちになりたい」という気持ちを持っていましたが、やり方もわからないですし、人脈もないですし、お金持ちの人の生活は本で知ることしかできません。

そこで、実際に毎日の生活の中でそういう人々を見ることができたら、話すことはできなくても、刺激を受けたり、何か自分にとってプラスなことが起こるのではないかと思い、タワマンに引っ越したのです。

僕は勉強でも趣味でも仕事でも、何事に関してもまずは情報を集めることが大切だと思っています。

とくに僕のように要領の悪い人間は、起業するなら実際に起業仲間や起業した先輩に話を聞いたり、公認会計士になるなら学校で勉強するのが、独学でやるより一番の早道だと考えています。

ですので、「もっと稼ぎたい」「上に行きたい」「お金持ちになりたい」と思ったときに、それが実現できるイメージを持てなければ、お金持ちが住んでいるところに住めば、何か得られるものがあると思ったのです。

つまり、自分が住むマンションを刺激を受ける場所、きっかけをもらう場所として見ていたというわけです。

そして、引っ越してからは、常にエレベーターで一緒になる人が何階を押すかを見ていました。マンションの情報を見て、階数別の部屋数や家賃をチェックして、その階を押す人はどんな人なんだろうと、ずっと見ていました。

しかし、タワーマンションの住人は意外と普通の人ばかりで、たまに有名なお笑い芸人の方もいましたが、〝バリバリ仕事ができる〟みたいな人はそんなに住んでいませんでした。エレベーター内で、住人が友だちなどと一緒のときの会話も、すごくハイレベルだったら、僕がお金持ちになるのは無理と思ったかもしれませんが、どちらかというと僕も同じようになれるんじゃないかという印象でした。

少なくとも彼らは、仕事に忙殺されている職場の上司よりもずっと生き生きとしていて、「いい未来」のように見えたのです。

友人と一緒に副業をスタート

仲良くなったきっかけは忘れてしまったのですが、ほかの監査法人に勤めている人と、よくご飯を食べたりするようになりました。

彼が「起業したい」と言っていて、僕も会社を辞めて転職するのではなく、起業するという選択肢があるんだと思うようになりました。

そこで、まずは彼と一緒に副業を始めました。

入社2年目の秋のことです。

僕の場合は、トーマツの収入には満足していたので、どちらかというと起業して「稼ぎたい」より「自由になりたい」という気持ちのほうが強かったのです。自営業の父の姿を見ていたからかもしれません。

要は毎日スーツを着て、出社して退社するという働き方、ライフスタイルが自分には合っていなかったのだと思います。

決められた時間に同じ場所に行くのではなく、もっと自由に何かをやりたいという漠然とした気持ちがあり、それをかなえるには起業するしかないのかなと思ったのです。ただ、いきなり起業もできないしリスクもありそうなので、とりあえず副業をやってみて結果が出るか出ないかチャレンジしてみよう、とその友人と始めたのです。

僕は勉強でも仕事でも、家だとできない性格だったので、神楽坂に家賃4万円ぐらいの4畳程度の小さな部屋を2人で借り、仕事が終わると自転車で西新宿から神楽坂まで行き、寝袋を持ち込んでそこに泊まることもありました。

監査法人の仕事は繁忙期は大変ですが、閑散期は定時で帰ることができるので副業ができたのです。

最初に始めた副業はブログのアフィリエイトでした。なぜそれを始めたかというと、たまたまアフィリエイトの副業本を目にしたという単純な理由からです。

当時、トレンドアフィリエイトと呼ばれた方法で、無料ブログをたくさん作ってブログを書き、そこにGoogleアドセンスという広告を貼ります。1クリックすると大体20円ぐらい入ります。

ブログの内容は、謹慎していた芸能人がTV復帰した、誰々が結婚した、最新の台風情報など、ジャンルはなんでもいいのですが、過去にない記事を書くのがトレンドアフィリエイトで儲けるコツです。

要は新しい内容の記事だとライバルがいないので、うまくいけばクリック数が伸びるわけです。

最初に20円を稼げたときは、すごくうれしかったです。初めての給料よりもうれしかったと思います。自分で何かをしてお金を稼ぐという目に見えてわかる経験が初めてだったからです。

最初の月は2万円、次の月は5万円の収入がありました。ブログだけのアクセス数ではそんなに広告収入が上がらないので、Ｔｗｉｔｔｅｒ（現Ｘ）のアカウントを作って、そこにブログを貼ってツイートするようにしました。

ちょうどＳＮＳの登録者数が飛躍的に伸び始めた時期だったこともあり、10代、20代の女性向け芸能記事を書いたりすると、飛躍的にアクセス数やフォロワーが増えました。

その後、Ｔｗｉｔｔｅｒ（現Ｘ）のアカウントをたくさん作り、自分が持っているアカウント同士でリポストするなどして、最終的にフォロワーを20万人まで集めました。

そこにブログのＵＲＬを流すと、そこからアクセスが一気に上がります。副業を始めて2カ月で月20万円稼ぐことができました。十分な金額ですが、次の3月末には絶対に会社を辞めたいと思っていたので、最低でも年収５００万円は稼ぎたいと思っていました。大幅な年収ダウンであれば、トーマツを辞める意味がありません。

そこで次のステージへと上げる方法を考えたのです。

●コンサルティングを始めて半年で500万円達成

アフィリエイトで月20万円稼げるようになっても、会社を辞めて独立するには十分な収入ではありません。

どうしたらもっと稼げるようになるのか？　そこで僕は起業についてのカリスマ講師が開いた2日間で10万円のセミナーに参加しました。

このセミナーで学んだことは、要約するとてもシンプルなものでした。

ステップ1は、パソコンだけで1人で稼ぐ。

ステップ2は、5万円稼いだら5万円を稼ぐ方法を販売しよう。

そして売るためには、最初はタダで教えることも必要ということもそのセミナーでは言っていました。「GIVE&TAKE」のGIVEから始めるというわけです。

そのとき僕は月20万円稼いでいたので、20万円を稼げる方法を売ればいいと思い、コンサルティングの仕事を始めようと思ったのです。

もともとこのアフィリエイトの副業は、当時有名だった『下克上』という情報商材でやり方を学びました。ですから『下克上を使って実際に稼げるノウハウ』をコンサルティングのサービスとして売ろうと考えたのです。

世の中、その情報を知っていても活用方法がわからない人がたくさんいます。

筋トレやダイエットもそうですが、筋トレのメニューやダイエット方法を知っているからといって、筋肉がバキバキになったり、10キロ減量できるわけではありません。だからこそ結果を出したい人は、高額なパーソナルトレーニングにお金を出すのです。

そこで、下克上を買う人はどういう人なのか、リサーチも含めて下克上の販売者が購入者向けに開催したセミナーにも参加しました。

参加者は、「稼ぎたいけど稼げない」「稼ぐコツを知りたい」という人がほとんどでした。

席が隣になった人と話したりするうちに、僕が実際に20万円稼いでいると知ると、懇親会では「どうすれば稼げるのか」と周りに人が集まってきました。

僕が「キーワードをこうしたほうがいい」とか「こういう内容がトレンドとして伸びる」と教えてあげると、「勉強になりました」「そういうことを考えたことがなかった」「もっと教えてほしい」となります。

なかには「有料でもいいので、詳しく勉強させてください」という人も現れました。

当時、副業で稼ぐ本はたくさんありましたが、実際にコンサルティングをする人はいませんでした。

そこで連絡先を交換し、1回目だけは無料でコンサルティング内容の説明と体験レッスン的なことをし、相手がもっと知りたいなら、下克上という教材で月20万円稼いだノウハウを1年間20万円で教えることにしたのです。

当時、下克上はＰＤＦで1万６８００円で、半分がアフィリエイト代になりますが、１日10本、20本売れている時代だったので、わざわざ販売者自身が20万円のコンサルティングをやりたいわけではありませんでした。

下克上の販売者にとっても、情報商材で結果を出した人が増えれば、評判や価値が上がります。僕もアフィリエイトで何本も下克上を売っていたので、お互いＷＩＮ―ＷＩＮの状態です。

それに僕も、ブログを書いて広告収入を得るよりも、人と話したり人に教えたりするのが好きだったので、教育側、伝える側のほうが向いているのかなと思ったのです。

結果、会社員時代に20万円のコンサルティングを20〜25本ぐらい販売し、半年で収入が５００万円になりました。

それで会社を辞めて起業することにしたのです。

●会社を辞めて起業家へ

2013年3月、僕はトーマツを退社しました。実務経験を2年積んで、ようやく公認会計士としての資格が得られるのに、です。

当然、周りの人からは「なんでそんなにもったいないことをするんだ?」「起業なんかして、本当にやっていけるのか?」と言われました。会社の先輩からも、「よく考えたほうがいい」と慰留されました。

でも僕は、「退職して会社経営をする」という意志を変えませんでした。もちろん「もっと稼ぎたい」という気持ちもありました。しかし、収入よりも「人に喜ばれる仕事をしたい」という気持ちが強かったのかなと思います。

振り返れば、父が経営していた写真館も人に喜ばれる仕事でした。七五三、成人式、結婚記念日など現像した写真を渡すと、お客さんがとても喜んで見ていた姿が脳裏に浮かびます。

副業でコンサルティング業を始め、生徒の皆さんに「金川さんのおかげで収入が上がりました」「僕の人生が変わりました。ありがとうございます」と感謝されるうちに、人に教えたり、コンサルティングをしたりという仕事にすごく生き甲斐を感じるようになっていました。

2013年4月、自分の会社を立ち上げて、僕は会社経営者としての第一歩を踏み出しました。

こう書くとかっこいい感じがしますが、いざ辞表を出すと本当に4月から給料がないということを実感し、ヤル気に火が付きました。

1年目は副業でやっていたコンサルティングをメインにしていたのですが、その時期が一番大変でした。

というのも、1年目は初めてやることが多すぎるからです。「起業」は、書けばたった2文字ですが、簡単に起業できるわけではありません。

会社を設立したり、顧問税理士を付けたり、確定申告もそうですし、事務的な作業がたくさんあります。


それに、そもそも販売する商品、売り上げが立つような商品・商材がないといけないので、自分で商品開発をしたり、外注して作る必要があります。

そして商品を作っただけでは儲からないので、集客やマーケティングをして販売ルートを作らないといけません。

販売したあともサポートが必要です。


そこで、SNSで情報発信して集客したり、『ビジネスの基本』『マインドセット』といったタイトルの動画を作ってYouTubeにアップしたり、スクール運営をしたり、セミナーは全国5カ所で年間100回開催しました。

広告を打って、本を出して、打ち合わせをして、会議をして、文章を書いて、資料を作って、会食に行って名詞をもらったら整理して、お礼の連絡をしたり、LINEも全部自分で返信して……と、次々とやらなくてはいけないことが押し寄せてきます。

商品・集客・マーケティング・営業・サポート・会計・税金・求人・教育・取引先開拓・会食・出張・接待・報告・出版・SNS・動画撮影と、1人で何役もこなしていました。

すごく大変でしたが、高校球児が甲子園を目指して猛練習するように、毎日、充実感がありました。

僕の扱っているコンサルティングという商品は、仕入れも原価もかからないので、巨額の負債を抱えるリスクはありません。

1年目で売上4400万円、粗利で3900万円を出すことができました。そして収入のほとんどを広告費や動画撮影代にあてたり、いろいろな経営者の塾に行くなど事業投資に使い、2年目からはどんどん会社を大きくしていきました。

●起業3年目で年商1億3000万円、最高7億円

起業1年目は自分で商品を作って、自分で集客して、自分で営業して、自分でコンサルティングをして……と、すべて1人でやっていましたが、2年目に目指したのは収入の複線化です。

コンサルティング1本ではなく、事業の柱を複数化させたのです。

不動産賃貸の紹介、火災保険の紹介、ジョイントセミナーの開催など、積極的に事業を広げました。

その結果、2年目の売上は8800万円。1年目の倍です。しかし粗利は5700万円、

利益率は1年目より悪くなっていました。

そこで3年目は、自分一人で稼ぐのではなく、会社を組織化して「チームで働く」ことにしました。

1年目はコンサルティングの商品を自分で開発して作って、集客して営業してコンサルティングまでしていました。利益率は高いですが、自分の時間は一日24時間なので、1人でやっている限り、ある程度の収入まで行くと頭打ちになります。

そこでチームを組んで、商品開発、営業、動画撮影・編集など、人に任せられる仕事はどんどん任せていきました。

お願いする人は、僕がコンサルティングをして結果を出した人や、スクールの生徒さんの中から目的意識の高い人、僕と気が合う人を誘いました。

その結果、3年目の年商は1億3000万円を達成。1億円は経営者にとって超えたい

1つの山なので、すごくうれしく思いました。

4年目、5年目、6年目は、もともと会社の事業にあったスクール運営やそれ以外の不動産仲介、火災保険の紹介、ジョイントセミナーの開催などを、業務委託という形で人に任せるようにしました。

僕の会社の社員ではなく、彼らの売り上げの入金先を僕の会社にして、そこから報酬を払う形です。僕は売り上げから手数料を数%もらっていました。

たとえば不動産仲介であれば、日本でもトップクラスの業績を持つ不動産会社の人と組んで、その人が不動産投資に興味がある人へ無料相談セミナーを開催します。

契約が成立すれば、僕の会社に入金された仲介料から手数料を引いた分を報酬として支払います。

世の中には、起業したいけれどもイチから会社を立ち上げて仕事するのは大変という人も多いのです。そこで僕の会社の事業にして、業務提携を結ぶというわけです。

僕の会社のメイン事業であるスクールの講師も同じように業務提携を結び、僕の会社から報酬を渡す形にしました。

こうして順調に年商が増え、最高で年商7億円を稼いだときもありました。

そのときは会社を3つ経営していました。もともとのスクール事業のための会社と、不動産や保険など金融の売り上げが入る会社などを複数経営していました。一番多いときは、業務委託している人が200〜300人いたと思います。

現在は少し業務の整理や見直しをしており、業務提携・委託をしている人の中で、自分で独立して仕事をしたいという人がいれば、積極的に独立をすすめているので、会社の年商自体はかなり減りました。

しかし、現在でも3つの会社を経営し、作家活動をしたり、自分が読んで感銘を受けた本を解説する『YouTube図書館』を運営したりしているので、僕自身の年収は一定以上をキープできています。

起業で一番難しいのは人間関係

実務的な部分や体力的な部分で一番大変だったのは1年目でした。これはなんとなく起業する前から大変だろうとは思っていましたが、意外と大変さを感じたのが人間関係です。

ビジネスの人間関係には、自分の内側の人間関係と外側の人間関係があります。内側の人間関係とは、一緒に働いている従業員とか、外注さん、ビジネスパートナーのように、自分の売り上げを作るために関わってくれる人です。

外側の人間関係には、クライアントさんや、お客さん、友人・メンターなどがあります。

ビジネス上の人間関係も、僕は恋愛と似ているなと思っています。出会いがあって、別れがあって、離れていく人も多いし、新しい出会いもたくさんあります。

僕の場合は、多いときは200〜300人と組んでいたので、人の出入りがすごくありました。

とくに別れることに対しては、結構メンタルが強くないとやっていけないと思います。恋愛で別れるとすごく落ち込むタイプの人は、起業も厳しそうな気がします。

たとえば、信頼していた人がある日突然辞めてしまうとか、相手が「やります」と約束したことをいつまでたってもやらない、といったことは日常茶飯事です。

新しい人と知り合って仲良くなって、それを維持する。でもその人がいなくなってしまうこともある。そして喪失感を味わいつつも、その出会いの経験を次にまた活かす……。

多くの出会いと別れがある中で、長く親交を深めていきたい人とどう人間関係を構築していくかが一番難しかったです。

そもそも、いろいろな人と知り合うだけでも大変です。セミナーの懇親会や、経営者の会に参加しても、ほとんどが名刺交換をしてその場の会話だけで終わります。

そこから連絡を取り合い、一緒にご飯に行ったり、飲みに行ったりできる関係になるのは、何十人、何百人と出会っても、ほんの数人です。

さらに食事をして、「今度一緒に仕事をしましょう」と盛り上がっても、実際に打ち合わせをしたり、行動に移せたりするのはさらに限られた人になります。

その後、仕事を一緒にするようになっても、その人が前に言っていたことや、こちらが思っていたことと現実が違うことも多々あります。


ですから、100人と知り合って、3年後、5年後、10年後も一緒に仕事をするいい関係でいられるか、お互い相乗効果でWIN—WINで関わっていける確率は、すごく少ないと思います。

今でもスタッフや外のクライアントなど仕事で関わっている人が常時200人ぐらいはいますが、僕が積極的に人脈作りをしていた時期に出会い、信頼関係を築いて今まで深く関わっている人は、1〜1.5割くらいです。

それでも、人数だけを見たら多いほうだとは思いますが、起業してから今まで2万人くらいの人に会った中の20人なので、割合からいえば0.1％以下です。

たとえば会社をやっていて、毎年10人の人を雇ったとしたら、10年間で100人です。でも、10年間残っている人で、その中で自分の右腕になってくれるような人は1人いるかいないかだと思います。

残りの99％の人間関係は、できればもっといい人を集めたかったというのが正直なところかもしれません。

会社であれば人事が採用しますが、起業すると自分で集めるしかないので、自分の会社を大きくするために、人間関係については一番、心も時間も割いてきました。

ですから社交的な人、人付き合いが得意な人のほうが、起業には向いているかもしれません。

信頼していた人からの裏切り

起業して10年以上、順風満帆のように思われるかもしれませんが、煮え湯を飲まされた経験は何度もあります。

その1つは、ビジネスパートナーとしてすごく信頼していた人から裏切られたという経験です。

不動産関係のパートナーでしたが、僕がお客さんを彼に紹介し、契約が成立したら利益を分け合っていました。僕の会社にお客さんから振り込んでもらい、報酬としてその人に入金していました。

ところが、その人は裏で別の請求書を作り、「今回、こちらに振り込むことになったので、こちらにお願いします」とお金をもらっていたのです。

その時点で5年ぐらいずっと一緒に仕事をしていてすっかり信用していましたから、僕にとっては大谷選手が一平ちゃんに裏切られたのに匹敵するような衝撃でした。

もう1つは詐欺です。

その人は経営者仲間で知り合ったとても優秀な人で、広告やITに詳しく、一緒に仕事はしていませんでしたが、1年間ぐらいその経営者仲間を交えてみんなで会ったり、仕事の相談に乗ってもらったり、ご飯に行ったりしていました。

本当に巧妙な詐欺師で、まずは人間関係を作ってからだったので、僕を含めて周りは全員だまされていました。

お互い頻繁に電話をかけ合うようになり、「ランチしましょう」「しますか」みたいな感じで、何回もご飯を一緒に食べてお酒も飲んで、本当に友だちぐらいの関係性になったところで、お金をだまし取られたのです。

決定的だったのは、「オリンピックのチケットが取れるので」と言われて振り込んだら、取れなかったことです。
僕はボクシングの試合をよく見に行きますが、たとえば井上尚弥の試合など、自分が仲間の分まで取って決済し、行く人にチケット代を振り込んでもらう、ということがよくあります。

ですから、「オリンピックのチケットの○日の何々席が○枚当選したので、ここに振り込んでください」と言われて、1人20万円を振り込んでしまったのです。
関係性ができている段階での詐欺は、誰も疑わないですよね。それで経営者仲間10人ぐらいが一気にだまされました。

最後はオリンピックでしたが、よく考えたら小さい詐欺はちょくちょくあったのだと思います。みんなで行ったときのご飯代も、「カードが1枚しか切れないので、僕が切っときますね」と、実際は1人5万円なのを8万円で参加者に請求していたんじゃないかなと思います。

そのころの僕たちは、半年待ち、1年待ちのレストランや料亭を予約して、それをモチベーションに仕事をするという集まりをよく開催していたからです。

結局、その人が言っていることは全部うそでした。

数人で彼を呼び出し、いろいろと問い詰めて白状させましたが、住んでいるところも、経歴も全部うそ。英語がペラペラで、いろいろなところに家や別荘があって、基本、海外に住んでいると言っていたのですが、それもうそでした。

毎日リッツカールトンに泊まっていると話していて、僕もリッツが家から近かったので、週2回ぐらい普通にラウンジで会って、別れたあとは彼は客室のほうに行きましたが、実際は一泊もしていませんでした。

「今日の部屋は広いです」とか、普通に五ツ星ホテルの写真を送ってくれていましたが、ネットから拾ってきた写真だったのかもしれません。

ほかにも投資詐欺に遭ったことがありますが、ショックだったとはいえ、親の離婚や、一浪で受験した大学に全部落ちたといったこれまでの経験に比べると全然、ダメージとしては低いものでした。起業するには、これぐらい肝が据わっていないとやっていけないのかもしれません。

◆仕事のパートナー選びのコツ

起業1年目は一人社長の会社でしたが、2年目からは集客や求人、一緒に働きたいというパートナーなど、たくさんの人と会って話をしてきました。

こちらからは自分がやりたいことや悩んでいることを伝え、相手からもどういうことに悩んでいて、どういうことをしたいのかを聞き、うまくやれそうな人とは一緒に組んでビジネスを大きくしてきました。

今は集客やビジネスパートナー選びの仕事は人に任せていますが、常に人を集めている状態に変わりはありません。

「どうしたらそんなにビジネスパートナーが集められるの?」「信用できるかできないかを判断する基準みたいなのはあるのか?」と聞かれることがありますが、最初のころは基本的に僕のスクールの生徒さんで、ちゃんと結果が出ている人に声をかけていました。

たとえばイメージで言うと、代々木ゼミナールで英語の先生が欲しいとなったとき、とりあえずそこの出身者で、優秀な人に声をかけるようなものです。

僕がすでに教えているので、相手の性格や能力もある程度わかります。よくある企業の面接のように、応募してきた人を数回の面接で採用するようなことはありません。

誰かの紹介で会うこともありますが、何回かご飯を食べに行ったり、お酒を飲んだりして相手のことを知ってからビジネスパートナーとして組みます。もちろん、それでもすでにお話ししたようにだまされた経験があるのですが……。

スクールの生徒さんや知り合いの紹介の中で、「この人」と決める基準は、お願いしたい仕事や業種などにもよりますが、たとえば営業の仕事で一緒に組むとなったら、コミュニケーション能力、営業力などスキル的な部分は大前提ですが、それだけでなく「なんのためにそれをやるのか目的が明確な人」を選ぶようにしています。

だいたいスクールに入っている人は会社員が多く、副業をしたいという人がほとんどでしたが、もし一緒にビジネスをやるのであれば、「将来は独立したい」という強い目標がある人と組むようにしています。

起業して3~5年目ぐらいまでは、とりあえずいろいろな人と仕事をしよう、幅広くやろうという、まずは「行動しよう」という僕の性格もあって、来る人を拒まず去る人を追わず、誰でも構わず組んでいたこともあります。

しかし今思うと、その人自身はすごい人でも、声をかける必要はなかったかもしれない、という人もたくさんいました。

そこで今は、無駄に仕事仲間を増やしたりはしていません。仕事仲間を見つける役割はその道の能力の高い人に任せ、その人が何回も面接したり精査して選んでくれているので、現在はちゃんと組むべき人と組めている実感があります。

集客についても、5年目、6年目ぐらいからは僕が集客するのではなく、まずは任せられる人、任せたいと思う人を育てていました。

たとえばスクールの生徒さんたちに、「こういう授業をこれからするので、こういった業務を任せたい。それに参加したい人」という募集をして、集まってくれた人たちに講師になるための指導をし、講師としての経験を積んでもらって、最終的には独り立ちできるようにしていました。

さらに、そうやって育った人を今度はリーダーや社長のようにして、「任せるから、今の生徒の中で一緒に働きたい人をとりあえず10人集めてきて」と振って集めるようにしていました。

このようにして、自分のブレーンを作って固めていくことで、現在はパートナー選びを安心して任せられるようになり、僕は人選びをする時間や労力を別のことに使えるようになっています。

無駄なお金、無駄な時間、無駄な人間関係も無駄ではない

僕の血液型はO型で、性格は本当にO型の典型みたいな感じだと思います。

今までの人生を振り返ると、あまり計画せずにとりあえず動いてきました。つまり、考えるよりはまずは「行動してみる」タイプです。そして、行動して失敗しながらちょっとずつ微調整し、なんとかもがいて正解にたどり着く感じです。

ですから結構失敗も多いし、「あれに使う必要はなかった」という無駄なお金、無駄な時間、無駄な人間関係がすごく多かったと思います。

たとえば起業した先輩経営者に、「起業してから1年で5000人と知り合え」と言われて、馬鹿正直に5000人とLINE交換をしたこともあります。

起業して5年目くらいまでは、積極的に本当にいろいろな場所に行っていました。異業種交流会や経営者の会など毎晩のように予定が詰まっていました。

でも、先にもお話ししましたが、そんなにたくさんの人と知り合っても仕事につながっていた人の数は、1%くらいだと思います。これまで連絡先を交換した数でいえば、2万人を超えると思います。当時は「数打ちゃ当たる戦法」で動いていました。

出版に関しても同じです。電子書籍を含めると、この本は僕にとって49冊目の書籍になりますが、何年もかけて集大成の一冊を書くというよりも、とりあえず数を打てば何かが起こると思って、100冊を目標にやってきました。

それは10冊、20冊と出し続けることは、大ベストセラーを1冊書くのと同じぐらい価値があることだと思っているからです。

実際、出版を続けることで、本がきっかけとなって知り合って一緒に仕事をしている人もいます。

なぜ僕が「人と会う」ことにこだわってきたのかというと、起業して結果を出したいと思っていたことはもちろんですが、向上心もあったので、いろいろな人と会うことによって、少しでもヒントをもらえたらいいと考えていたからです。

最近の20代の人を見ていると、コスパ、タイパで、無駄なことはやりたくないという考えの人が多いと思います。

たとえば一緒に組んで、「何か新しいことをやろう」と、お互いに資金を出してビジネスを始めても、2～3カ月ぐらいで「コスパ悪いんでやめませんか」と言ってくる人もたくさんいます。

しかし、僕はあきらめが悪い性格なので、「とりあえず試用期間じゃないけど、2～3年やってみないとわからなくない？」と、赤字が出ても自分が納得するまでやっていました。ですので、僕が手掛けた数々の事業の中で、うまくいかなかったものもすごく多いです。ただ、事業の柱をいくつも持っていたので、結果的にプラスマイナスでいえばプラスになっていますが、無駄なこともいっぱいしてきました。

でも、その無駄があってよかったと思います。というか、僕はこういうやり方しかできない性質なのだと思います。

それは昔から変わりません。

東大・京大へ行けるような人は、効率良く短時間の勉強で公認会計士試験に合格することができるでしょうが、僕が合格するためには泥臭く勉強時間数で頑張るしかなかったのと同じです。

起業でも同じことが言えます。起業の才能がある人は、キーになるような人とだけ会って、効率良く事業を拡げていくことができると思いますが、僕の場合は会う人数で勝負するしかなかったのです。

これからもこのやり方は変わらないと思います。結果を残せればほかの成功者にとっては無駄だと思えるお金や時間、人間関係も、僕にとっては成功するために必要なものなのです。

●マネーリテラシーを持つこと

起業においては、人間関係以外にもマネーリテラシーを持つことが重要です。

お金の貯め方、使い方、増やし方や、お金が入ったら全部使うのではなく何割を貯金し、生活費にし、自己投資にするといったように、お金の配分を勉強することがとても大切だと思っています。


僕もこれまで、起業して投資して億り人（億単位の資産を築いた人）になった人を何人も見てきましたが、その後、使い切ってしまう人もたくさん見てきました。

自己破産したり、借金したり、詐欺に遭ってお金をだまし取られたり、稼げなくなって会社員に戻った人もいます。


しかし、自分は役員報酬の一部を貯蓄に回していたので、起業して5年ほどたったころには、ある程度の資産を持つことができました。

同じように稼いでいても、使い切ってしまう人が多い中、なぜ自分が踏みとどまれたかというと、「お金について、しっかりと勉強したから」ということに尽きます。

しかも、僕は読書が好きで本に接する時間が多いというのも大きいかもしれません。起業してからは積極的に本を読んでいましたが、『YouTube図書館』というチャンネルで1日1本の動画をアップしていたときは1日に2冊読んでいました。

僕の周りでビジネスで成功している人を見ていると、実は本を読んでいない人のほうが成功しています。本ばかり読んでいる人よりも、人から学んだり実践から学ぶ人のほうが成功しているのです。
しかし、投資は人から学ぶとだまされます。変な投資案件に引っかかって、何百万円とだまされている人も多いのです。起業して稼げば稼ぐほど、そのお金目当てに寄ってくる詐欺師はごまんといます。

僕は投資に関しては人ではなくて本から学んでいます。たとえばアメリカの株について書かれた本は、ほぼ全部読んでいると思います。そして本を読んだら、その中から共通点を探します。その本にしか書いてないことは、その人だけがうまくいった例外なので僕が試しても成功する可能性が低く、再現性はありません。
しかし、100冊読んで20冊に書かれていることは、ある程度、再現性があります。その通りにやれば確かにハマるし、お金は増えていきます。

一般的に、投資の成功法則とビジネスの成功法則は真逆な気がしています。そもそも、ビジネスは人を使いますが、投資はお金に働いてもらうので、人から教えてもらう必要がありません。

今は投資もネット証券で完結できるので、自分で商品を選んで直接買うことができます。これまでは証券会社の営業マン、つまり人をはさむから手数料や人件費がかかり、知識のない人は銘柄選びも営業マンの言いなりになることが多いので、大損することもあったのです。


僕の場合は、すべて本から知識を仕入れ、本に書いてあるものは、全部最小単位で買っています。安いものは数万円で買うことができます。

本を読んでいて、これは買ったほうがいいという株をノートに書き出して購入しています。ですから現在、200銘柄ぐらい持っています。

ネット証券で買えば、常にいくら増えたかを確認することができますので、先日確認したら190勝10敗ぐらいでした。

投資よりビジネスのほうがリターンが大きいイメージがありますが、投資の本当のすごさは、投資の神様ウォーレン・バフェットが言うように「複利効果」です。

デイトレーダーはギャンブルと同じようなものですし、投資信託であっても数年単位や5年、10年で見ても全然増えません。

しかし、30年単位で見た場合、年利10％だと17倍くらいに増えます。年収を30年で17倍にできるかといえば、それはほぼ不可能な話です。

こういう知識があれば、起業して億り人になったとしても、すっからかんになることはないのではないでしょうか。

起業で成功するコツと「幸せ」について

起業する前の僕は、「起業」というのはすごく特別な人だけができることだと思っていました。しかし実際にやってみると、起業するかしないかに頭の良さは関係ありません。そこにあるのは「やる」か「やらないか」だけです。

トーマツで働いていたころ、周りは優秀な人ばかりでした。なかでも公認会計士を目指す人はそもそも安定志向の人が多く、なぜかというと、一度資格を取ってしまうと一生食いっぱぐれないからです。

とくに弁護士、医師、公認会計士は、基本的に高いレベルで安定を得られるので、わざわざ起業する必要はありません。ですので、能力が高い人が必ずしも起業するとは限らないのです。

起業するかしないかは、能力の差ではなく、実行力があるかないかだけの違いです。

スクール運営をしたり、講師としてセミナーを何百回も開催して、数えきれないほどの生徒さんを見てきましたが、たとえば起業の本を読んでも、それを実行に移す人はほとんどいません。

投資にしても、「本でこれがいい」とすすめられると買うようにしていますが、僕が投資講座を開催して、目の前で「これをとりあえず1000円買っておいて」とか、「100円は買ってね」と言っても、買う人はほとんどいません。

1000円、100円といった金額は、ランチ代や缶コーヒー代程度です。それなのにやろうとしないのは金額の問題ではありません。「もう少し勉強してからやろう」「もうちょっと詳しくなってから買おう」と思うからやらないのです。

でも、勉強というのは失敗も含めて勉強です。失敗しながら勉強していくのですから、行動を起こさないと失敗すらできません。

起業したてのころは、僕は本から学ぶ以外にもコンサルティングを受けたり、スクールに入ったり、会食して人に会ったり、動画を見たり、いろいろなことから学び、「これがいい」というものは、すべて実行に移してきました。

また、起業において成功するコツは、ずっと同じことをやり続けることです。

1年目、副業のスクールからスタートして、2年目、3年目といろいろな事業に手を出したり人に任せたりしていますが、中核となるものは10年間変わっていません。

それは副業と起業についてのスクールを運営していることです。

スタッフが辞めたり新しい商品ができたりはしていますが、基本的には同じです。ずっと同じことをやっているというのも、うまくいっている秘訣だと思います。


最近は仕事に対する考え方も少し変わってきました。

以前は「成功したい」という一心で仕事をしてきました。今はある程度の成功を手に入れたからなのかもしれませんが、「成功したい」というよりも「幸せになりたい」という気持ちが強くなりました。


なぜなら、5年前に結婚して子どもが生まれてから、成功と幸せは反比例することを強く感じるようになったからです。

この辺りのことは第3章で詳しくお話ししたいと思いますが、成功するために仕事を頑張ったら不幸せになり、幸せになるための行動をすると成功から遠のく……。

本当は成功しながら幸せになるのが理想ですが、成功と幸せは連動しづらいことを実感しています。この2つのバランスが取れていると「生き甲斐」が生まれますが、そのバランスも難しいものがあります。

そのため、現在仕事をするうえでは、「自分がやりたいこと」が自分が手掛ける仕事を選ぶ際の1つの基準になっています。やりたくないことをしてお金を稼ぐよりも、やりたいことやって赤字のほうが全然いいと思っています。

やりたくないことをやる（＝幸せではないこと）をやって、お金を稼いでも幸せにはなれません。

明日食べるものがないというぐらい困窮したら別の話ですが、家族が困らずにいられるなら、僕は費用対効果よりも家族の幸せを取るようになりました。

第3章
結婚～子育て

出会って3カ月のスピード婚

僕が結婚したのは、2019年10月。

起業して7年目、会社も軌道に乗ってきたときでした。

もともと僕は、結婚願望が全然ありませんでした。

親の離婚も見ていますし、その後の養子縁組騒動があったり、なんとなく結婚は面倒なものというイメージがありました。

もちろん、「絶対、結婚しない」とは思っていませんでしたが、積極的に婚活していたわけでもありません。

しかし、今の妻とは出会って3カ月で結婚を決めました。7月中旬ぐらいに初めてご飯に行き、10月末には入籍したのです。

これまで付き合った女性は何人かいましたが、一回も結婚したいとか、1年付き合ったから結婚しようといった気持ちにはなれませんでした。

逆に妻とは出会ってすぐに結婚したいと思ったので、1年、2年と付き合う必要はないと思って結婚しました。

それに、今もそう思っていますが、結婚してダメだったら別れてもいいと思っていたので、ほかの人より結婚へのハードルが低かったこともあるのかもしれません。

僕の考え方が軽いのかもしれませんが、起業、資格試験、浪人といった人生における決断というものは重く考えたらなかなかできません。

ですから、結婚に対しても正直なところ、「別にダメだったら離婚でいいや」みたいな気持ちもありました。

妻の場合は、自分が結婚したいなと思って探していたわけではないですが、そう思う人が現れたから結婚したという感じです。

結婚して5年、今では僕も2児の父です。

いつか子どもは欲しいと思っていましたが、漠然としたイメージでは40歳を超えたくらいでもいいかなと思っていたので、自分の中では思ったより早く結婚して子どもを持ったという感じがしています。

10代の恋愛経験で目が養われる

高校時代は吹奏楽部、浪人時代は受験勉強、大学時代は資格試験勉強、就職してからは副業、起業してからも仕事……と、恋愛する暇がないように見えるかもしれませんが、その時々で真剣に恋愛してきました。

とくに10代のころは、恋愛から学べることも多くありました。

恋人や結婚相手は、人生にいい影響を及ぼすこともあれば、プラスにならない場合もあります。では、どうすれば自分に合う相手を見つけることができるのか？　それには恋愛経験を積むしかありません。

人を好きになるというのは、すごく当たり前の感情だと思います。

好きな人を見つけてアタックしてみる、ご飯に誘ってみる、付き合って別れを経験してみる……というように、しっかりと恋愛することは人生において大事なことだと思います。

なぜなら、恋愛することで喜怒哀楽の感情が強く生まれるからです。同性の友だちに真剣に怒ったり泣いたりというのは、あまりないと思います。

恋人関係や夫婦関係になって初めて、本気で怒ったり、ぶつかったり、泣いたりして、自分の感情が見えたりしますし、相手の感情の起伏を直に感じることもできて、メンタルもかなり鍛えられます。

また、10代のころの恋愛は勇気がいります。大人になってからの恋愛とは違って、中学・高校時代は、好きな子に気持ちを伝えるのに、すごく緊張するというか、怖いし、ドキドキもします。

そこで勇気を振り絞って一歩踏み出して告白するのは、たとえフラれてしまうとしても、すごくいい経験になります。

10代のころに片思いも含めて真剣に恋愛をしてきた経験が異性を見る目を育ててくれて、交際期間が短くても妻のような自分に合う相手を見つけられたのだと思います。

子どもが生まれて働き方が激変

結婚してもそれほど僕の働き方は変わりませんでしたが、子どもが生まれてから生活や仕事の仕方が大きく変わりました。

1人目が生まれたのが2022年、2人目が2024年。

僕には子育ては妻と2人でするものという考えがあるので、子どもが生まれてからは、仕事をかなり減らして、時間のやりくりをするようになりました。

以前は仕事相手に、「会食を18時からにしよう」と言われたら、「それでいいよ」と返事をしていましたが、今はそうはいきません。

僕が会食のために18時前に家を出ると、妻が1人で保育園に子どもをお迎えに行き、帰宅後はまた1人で子ども2人を風呂に入れたり、食事の世話もしなければなりません。

そこで会食の時間を18時半からにしてもらい、自分がお迎えに行ったり、夕飯や風呂の手伝いをしてから会食に出かけるようにしています。

それでも子どもが予想外にギャン泣きしたりして、スムーズに予定が進まないときは、それを放置して会食に出かけるわけにもいかないので、遅刻して参加することもあります。

妻は僕に対して直接文句を言ったりはしませんが、子どもが2人いるともなると、いくら仕事に必要な会食で出かけたいときであっても、「出かけるの？　こっちのほうが大変なのに」という妻の気持ちを察知します。ですから、本当は家を出たいけれど出られないときもあります。

僕は自宅で動画の収録をしていますが、子どもの様子次第では録画ができないことも多々あります。

子どもが生まれる前は、朝の7時や8時から仕事をしていましたが、今は子ども2人を保育園に送り届けてからが仕事の時間です。

夕方も僕がお迎えに行けるときは僕の担当なので、仕事の予定と同じぐらい重要なポジションとしてお迎えがスケジューリングされています。

お迎えをしたあとは、夕飯を食べさせて風呂に入れて、ようやく僕の時間になります。ですので、正直今は僕の睡眠時間は足りていません。

僕は講演などで毎月10日ぐらい出張がありますので、そのときの育児はすべて妻にお願いすることになります。そこで、東京にいるときはできるだけ妻の負担が軽くなるようにしています。

出張に行ったら行ったで、仲間や若い子が「いつも朝が早くて飲めないんだから、今日はもっと飲もうよ」と夜遅くまで飲んだりするので、結局睡眠不足に。今は睡眠時間の確保が生活の最重要課題だったりします。

◆結婚して変わった仕事観

結婚して、とくに子どもが生まれてからは、仕事の成功とプライベートの幸せが両立しにくいものであることを感じるようになりました。理想は、「仕事で成功をしながらプライベートも幸せ」ですが、今はどうしたらその状態になれるか模索中です。

結婚して子どもが生まれてから、妻が僕に対してどうしてほしいと考えているのかを聞いたことがありますが、その答えは「仕事を頑張ってほしい」「稼いでほしい」よりも、「もっと子どもや家族のために時間を使ってほしい」というものでした。

でも、これまでのように自分が仕事で成功するためには、妻や子どもとの時間を減らして、仕事にフォーカスしないといけません。

要は、僕が家族と仲良く一緒に過ごせる時間を増やすほど成功からは遠のき、家族の時間を減らして仕事をすれば成功するけれども、どんどん夫婦仲や家族仲は悪くなるというわけです。

そこで、今、何が大切なのか。今しかできないことはなんだろう?と考えた末に出した答えは、やはり「妻や子どもと向き合う時間を大切にする」ということでした。

あと5年ぐらいすれば、子どもは学校に行くようになり、今よりも自分の時間ができるようになります。思い切り仕事をするのは、またそのときでいいと思っています。

今は仕事に全振りしてしまうと、子ども2人の育児で妻の負担が大きくなります。そうなると彼女のストレスも溜まるので、そこのケアをしっかりやっていかないとダメな時期だと思っています。

そこをないがしろにすると離婚になりかねません。僕自身両親が離婚したり、周囲にも離婚した人はいますから、その大変さを理解しています。

お互い幸せになるための離婚は賛成ですが、お互いや子どもたちがつらくなるような離婚は回避したいと思っています。

離婚してまで仕事での成功を追い求めるのは、今の自分にとっては、ちょっと違うなと思っています。

一方で今、「仕事に集中するよりも、家族のための時間が人生の休憩期間」と思えるのは、独身のころに全力で仕事に振ってきたからでもあります。

そういう意味では、結婚して子どもが生まれる前、独身時代に仕事に没頭したり、転職したり、本を読んだり、自己投資したり、海外旅行に行ったり、恋愛したり、遊んだり……といったことをやりきっておいてよかったと思っています。

そうでないと、結婚してからいざ転職したいとか、長期旅行に行きたいとなっても、「じゃあ、子どもはどうするの？」という話になってしまいます。

自分一人でやりたいことを見つけ、早めに全部やって思い残すことがなかったので、結婚という選択や、仕事の一時休憩ができたのだと思います。

僕の家は、妻が絶対にトップ

「結婚前は両目を大きく広げて見極めろ。結婚後は片目を閉じろ」という名言がありますが、まさにその通りだと思います。

結婚したいなら、どんな人と結婚したらいいかを真剣に考えないといけません。しかし、いざ結婚すると、人間ですからお互いにいろいろとボロが出てきます。

ですので、そこは大目に見るというか、見すぎるとイライラしてくるので、お互い片目をつぶるぐらいの感覚がいいと思っています。

僕は、結婚は運だと思っています。

そもそも生まれも育ちも違う価値観の違う人間同士、しかも女性と男性という性も違う人間が一つ屋根の下に暮らすわけです。

また、子どもが生まれると女性は母親に、男性は父親になるために、さらに価値観のズレなどが生じがちです。

ですから、よく男性側は「結婚してから妻が変わった」と言いますが、女性側からすると、自分は母になったのだから変わったのは当たり前であり、むしろ変わらない男性側に言いたいことがあったりするわけです。

女性側からすると、結婚前や子どもが生まれる前はそのままでもよかったけれど、結婚してからは、「あなたも父親になったのだからもっと自覚を持ってほしい」「父親としてもっとやるべきことがあるのでは？」と思うのです。

そこで夫婦の衝突が起きるわけです。

僕の家庭ではその衝突を起こさないように、「妻が家庭の中のトップ」だと思うようにしています。本人がトップになりたいかはわかりませんが、僕は妻がトップだと思っているので、僕が妻に対して怒ることは絶対にありません。

妻から何か言われても、すべて「はい」と言います。これができないと妻との関係が悪くなります。


たとえば、電気を消し忘れた場合、僕が消し忘れたら怒られますが、妻が電気を消し忘れた場合は、それを絶対に指摘することはありません。「君だって消してないよね」と僕が言っていいことは一つもないからです。

言ってうまくいくことは言っていいですが、言ってはいけないことは言ったら絶対にダメです。

我が家の場合は、最終的に妻が落ち込んでしまうので、僕は常に言われる側のポジションとして接するようにしています。

僕の育った家庭は、母が叱ったり怒ったりすることはめったになかったので、最初は妻に「なんで電気を消さないの」と言われて、「ええっ」となってしまいました。一方で妻はしつけが厳しい家庭に育ったので、人に注意するのは普通のことらしいのです。

そこで僕は、なるべく普段の生活では育児や家事を先回りして、僕に対する注意喚起が起きないようにしています。これはまさに我が家のリスクマネジメントです。

◆妻が喜ぶことをすれば、子育てはうまくいく

「価値観が同じ人と結婚したい」とはよく言われることですが、世の中、自分と全く同じ価値観の人はいません。ですから、僕は相手の価値観に合わせようとするよりは、その価値観を理解することが大切だと思っています。

価値観を一緒にする必要は全然ありませんし絶対に違うので、どちらかが相手に合わせていても必ず無理が出てきます。そこで、相手の価値観を理解して、できるだけうまく生

活していくことが大切になってきます。

相手に注意されそうなことをちゃんとやる、もしくは注意されたら反省する。たとえば、「電気を消す」「子どものスタイを付ける」のように、これをやらないと相手が怒るだろうなということを察知する。

とはいえ、こちらも人間なのでミスをするのは当たり前です。そこで何か言われてしまったら、仕方ないなと思うだけです。

もちろん「ごめんね」とは言いますが、「ごめんね」と言っても妻の場合、いら立ちはすぐには収まらないので、時の経過を待つだけです。

妻の場合は自分が怒ったことは忘れてしまうので、時間が経過さえすれば大丈夫なのです。

妻が怒るのは、彼女が完璧主義者だからです。

世界や他人が、自分の思い通りに動いてくれないストレスから、「なんでこれが相手はできないのか、私だったらできるのに」と思うから怒りが生まれるわけです。妻自身、常に生きづらさを抱えながら生きているようなことも言っていました。

ですから、言われる僕のほうがラクだと思っています。妻に何か言われたときは、僕もイラっとしますが、そういうときこそ、妻もつらいんだなと思うようにしています。

妻はいつでも「これが正解」というものを求め、それを完璧に実践しようとしています。ですから、子どもの進路もずっと悩んでいます。幼稚園選びも熟考したうえに選びましたが、受験が終わって「ここに行く」と決めても、「やっぱりこっちのほうがいいかも」と考えたり、調べたり、説明会に行ったりして、「私の負担は大きくなるけど、子どもにとってやっぱりこっちの園がいいと思う」というようなことを言い出したりします。

妻は子育てに対してすごく真面目で愛情が強いので、いつでも自分が思う正解を確実にやろうとして、自身を疲弊させているように見えます。

日焼け止めを塗るとか、保湿をするとか、ちょっと咳をしていたら病院にすぐ連れて行くとか、もう完璧なのです。

「それぐらい大丈夫じゃないかな」と思うのですが、それは僕の価値観なので、妻には押し付けないようにしています。

最近は、出張中の夕方にビデオ通話をすると、子どもがすごく喜ぶのですが、それをすることで妻も喜び機嫌が良くなります。妻の機嫌が良ければ、子どもにもいい影響があるわけです。

僕の家庭の場合は妻が完璧なので、妻が求めていることをしっかり理解して、それを子どもに実践すれば、結果的にはうまくいくわけです。

子育てというより、いかに妻の機嫌を良くさせるか、妻が喜ぶことをするかが、子育てをうまく行う秘訣なのではないかなと思います。

●自分ファーストから子どもファーストへ

僕は結婚したときは自分の生活や考え方はあまり変わりませんでしたが、子どもが生まれてから、ずいぶん変わった気がします。

人間は、自分があくまでその人生の主人公です。恋人や妻のためにとはいえども、基本的には自分ファーストで生きているわけです。

独身のときはもちろん結婚してからも、僕は「自分のやりたいことをやろう」と仕事をしてきました。

彼女や妻が「会いたい」「早く家に帰ってきて」と言っても、勉強があるから、仕事があるからと自分の意志を優先させてきました。

しかし、子どもが生まれてからは、その子が泣いている最中に「仕事だから」と出かけるのは、ビジネスとしては正しいかもしれませんが、「パパ、一緒に遊ぼう」と言う子どもを無視して自分の好きな本を読むのは、人間としては正しくないと思うのです。

「自分ファースト」から「子どもファースト」という考えになりました。

子どもの存在は本当に大きいと思います。

もちろん、子どもがまだ小さいからということもあります。子どもが高校生ぐらいになったら、子ども自身が親よりも友人や恋人を優先するようになるでしょう。

だからこそ今、仕事よりも家族の時間を大切にしたいという気持ちが強くあります。

僕の妻も、子どもが生まれてから「僕ファースト」ではなくて、「子どもファースト」になりました。

それまでは、結婚しても子どもができても、「お互い2人だけの時間を作りたい」「たまには夫婦2人で外にご飯を食べに行きたい」と言っていましたが、いざ子どもが生まれてみると僕に対しても、「私との関わりよりも、子どもとちゃんと関わってほしい」というふうに変わりました。

女性は結婚して子どもが生まれると、子どもにとっていいことをしたい、子どもにとっていい母親でいたい、夫にも子どもにとっていい父親でいてほしいと「子どもファースト」

になります。

母親にとって「いい父親」とはどういう父親かというと、もちろん仕事を頑張って稼ぎの良い父親であってほしいとは思いますが、平日は残業代を稼いでとか、土・日は副業してとか、そういう働き方は望んでいません。


早く家に帰ってきて子どもを風呂に入れたり、寝かしつけをしてほしいし、休日は公園に連れて行って一緒に遊んでほしいわけです。

それを無視して仕事を続ければ、家庭の崩壊が待っています。


では、家庭の崩壊を避けながら仕事をするにはどうすればいいか？

たとえば、父親が仕事をすることで家族にメリットがあれば、家族は応援してくれます。

父親が仕事を頑張ることで、家族が夏に大好きなハワイに旅行に行けるとなれば、仕事が忙しくて家に帰る時間が遅くなっても、「パパは、みんなをハワイに連れて行くために頑張っているんだよ」とか、「今、みんなのためにパパがお仕事しているから静かにしようね」

と言われても、子どもたちは納得してくれます。

父親の職業が野球選手やアーティストであれば、家族にも仕事の内容がわかりやすく、父親のファンになる可能性が高くなりますが、一般的な経営者や会社員の場合は、妻や子どもが父親の仕事のファンということはほぼありません。

父親の働く姿を見て、かっこいいとか素敵とかにはあまりならないので、旅行に連れて行ったり、一緒に公園で遊ぶというような、妻や子どもにわかりやすい家族サービスが必要なのかなと思います。

結婚しても家族時間と独身時間を持つ

今のところ僕の結婚生活がうまくいっているのは、家族がいる生活と独身時代の生活、両方のバランスが取れているからだと思います。

普通、既婚者と独身者の違いは、常に自分以外の誰かが家にいるのか、1人なのかということですが、どちらにもその良さがあります。


僕は今、仕事で1カ月の3分の1は出張でそのあいだは独身のような生活、3分の2は家族と一緒の生活をしています。

このバランスが今の自分に合っているのだと思います。30日間、ずっと家族と一緒でも無理ですし、いまさら30日間ずっと1人も寂しいものがあります。


もちろん妻とは仲が良いですし、子どものことも大好きですが、30日間毎日6時に起きて保育園に送迎して、帰ってきて子どもの世話をして、土・日は家族サービスをして……と、自分の自由になる時間が一切ないのは正直、息が詰まります。

3分の1ぐらいは外で自由にして3分の2は頑張ろう、ぐらいのバランス感が僕にとってちょうどいいのかもしれません。

妻の場合は3分の3ずっと家にいるので、そこはすごく尊敬しています。
ただ、お話ししたように妻は完璧主義者で、今は育児に全振りしています。平日の夜や休日に子どもを親や僕に預けてたまに出かけたらと言っても、あえてそれをしたいということもなく、一日24時間365日、正真正銘子どもファーストの生活を送っています。
ですから、おそらく妻は保育園に預けているあいだに自分の時間を作って、一日の中でバランスが取れるようにしているのだと思います。

家族時間と1人時間のバランスの割合は、人によって違うと思います。母親と子どもの時間も大事だし、父親と子どもの時間も大事だし、父親と母親の時間も大事だし、全員集合する時間も大事だし、1人の時間も大事です。

結婚したり子どもがいても、当然1人でいたいときや、どこかに出かけたいときはあると思います。そのバランスを保つために、そのことを相手にもきちんと伝えて実現していかないと、結婚生活を続けるのは無理だと思います。必ずどこかで限界が来ます。

何に幸せを感じるかは人それぞれですが、僕は独身のとき、毎晩会食していろいろな人に出会えてすごく幸せでした。今は家で家族とご飯を食べる時間を大事にしたいし、仕事がらみの会食も大事にしたい。

これは仕事の仕方だけでなく、家族との関わり方でも、恋人との関わり方でも、親でも友人でも、みんな同じだと思います。

いくら親が好きで大切にしたいと思っても、毎週会うのはちょっとイヤですし、どんなに仲が良い友人でも週3回会うのはきついです。

ですので、自分の理想の人間関係の距離感をしっかりと把握するのはすごく大切なことだと思っています。

僕は受験勉強をしていた浪人生のころから、家に長時間いるのが苦手でした。

よく家が好きで土・日は朝から晩までずっと韓国ドラマなどを見ながら飲んでいる人もいますが、僕には無理です。

家で仕事をしていても、どこか外に出たくなるタイプです。受験勉強のときから合間にカフェ・ベローチェに行ったりマクドナルドに行ったり、同じところに6時間以上いるのが苦手なのです。

そういう僕の性格を理解して、今の生活スタイルを受け入れてくれている妻にはとても感謝しています。

●独身も幸せ、結婚も幸せ、離婚も幸せ

結婚生活で大切なのは、「その家庭のルールを守る」ことだと思っています。それは、それぞれの家庭や夫婦の価値観によっても違います。

我が家の場合は、「子どもの前ではちゃんとする」というものがあります。朝、子どもが起きてきたのに、自分だけダラダラと寝ているのは厳禁。

その場合は一緒に起きて、みんなでご飯を食べるのが我が家の決まりです。

保育園に送り届けたあとは、二度寝しようが文句は言われません。子どもの前で寝ているというのが、「教育上良くない」となるのです。

日本に住んでいたら日本の法律、アメリカに住んでいたらその州の法律を守らないといけないように、それぞれその家の規律や法律を守らなければいけないと思います。世間は関係ありません。

たとえば恋人だったら恋人、親友だったら親友、会社だったら会社、家族だったら家族のルールをしっかりと理解して、それをできる限りちゃんと守る。

家庭内のルールが守れなければ、離婚するしかありません。

今の日本は成人の未婚者が3分の1、離婚経験者が3分の1なので、結婚している夫婦は3分の1です。

その3分の1のうち、幸せな結婚生活をしているのは3分の1で、3分の1は可もなく不可もなく。残りの3分の1は本当は離婚したいけれど、生活費や教育費の心配があってできないというケースだと思います。

そう思うと、ある意味、離婚している人は幸せだと思います。

離婚したいのに、子どものことやお金の事情で、本当は別居したいのにできず、結果的に家庭内別居していれば、それこそ我が家的には「教育上良くない」となります。

そもそも僕は、独身も幸せだし、結婚も幸せだし、両方いいものだと思っています。結局大事なのは、自分が幸せって思えるかどうかではないでしょうか。

要は離婚したから最悪とか、一生独身だから最悪とかではなくて、「夫婦で揉めたけれど、今は離婚して1人になれたので幸せ」とか、「こうして1人で気ままにできるのも独身だから」と、今の自分の状況が幸せと思えるかどうかです。

結婚も離婚も相手があってのことなので、自分ではどうすることもできないところもあります。ですので、結婚生活がうまくいかなければ離婚するのは全然悪いことではないと思っています。

僕の周りの人で、離婚のことをバツイチではなくてスターと言っている人がいます。×はマイナスなイメージに聞こえるので、星1つ。そもそも離婚は悪いことではないし、むしろ離婚して幸せになれることも多いわけです。

日々の生活の中で生き甲斐を見つける

離婚の原因はいろいろあると思いますが、生き甲斐を持っている人は夫や妻にイヤなところがあっても、わりと乗り切れたりする気がします。

夫婦関係や家族関係が多少悪いときがあっても、何か楽しみがあればそれで発散させることができます。

とはいえ、「生き甲斐はなんですか?」と聞かれて、「○○です」と答えられる人は少ないような気がします。

でも、生き甲斐はなんでもいいと思うし、「生き甲斐は○○です」と答えられる人のほうが、人生が豊かで毎日楽しく暮らすことができると思います。

「生きる喜び」「生きる価値」「なんのために生きているか」……。

そんなに大げさに考えなくてもいいと思うのです。

生き甲斐というと、たとえば「ゴルフが大好きで毎週土・日に行っている」とか、「大谷翔平が好きで、アメリカまで試合を見に行きました」とか、そういったものを連想する人も多いと思います。

しかし、生き甲斐をもっとわかりやすく言うと、楽しいとか笑っているとか、人生を楽しむ瞬間がある人＝生き甲斐がある人、と捉えられると思います。

大好きな趣味をやるとか、友だちとお酒を飲んでダーツをしてはしゃぐとか、ライブ観戦に行って盛り上がるとか、東京ドームで野球を見ながらビールを飲んで、「今日も最高だった」「今日は悔しかった」というのも、十分生き甲斐だと思います。

家族と一緒にいて、土・日がすごい楽しいとか、子どもの成長がすごい楽しみ、というのも生き甲斐ですし、1人でテレビを見たり映画を見たり、何か趣味の作業に集中して取り組んで、「ああ、楽しかった」「スッキリした」というのも生き甲斐です。

もちろん、なかには「仕事が生き甲斐」という人もいるかもしれませんが、そういう人は、相当限られている気がします。

大好きなことを仕事にして生活している人って、世の中にはいるかもしれないけれど、それはごく少数派です。

音楽が好きで音楽家になったり、旅が好きで旅行会社に勤めたりしても、仕事でやっている以上、100%好きなことだけではなく、イヤな業務もしないといけません。

ですので、できれば仕事以外で生き甲斐を見つけるのがおすすめです。

そういう意味で僕には生き甲斐がたくさんあります。

僕はボクシングと野球が大好きで、大谷翔平のシーズン中は、見られるときは必ず見ますし、井上尚弥というボクサーが大好きなので試合を見に行ったり、行けなくてもネットで見たりします。

ほかには、おいしいご飯、お酒も好きだし、旅行も好きだし、家族や仕事仲間との時間も幸せだなと思います。


生き甲斐がない人というのは、「楽しい」「幸せだ」と思える時間がないので、やっぱり家庭や仕事で何かあったときにメンタルがやられて、鬱になったりしてしまいます。

ですので、日々の生活の中で、小さなことでもいいので「自分の好きなこと」を見つけることが大切です。

人生にとって大事なことは健康

人生で大切なことは、時期によって違うし、人によっても違うし、正解はないと思ったうえで、やはり大切なのは「楽しんで幸せでいること」だと思っています。そのための生き甲斐でもあります。では、どうしたら楽しむことができるのでしょう？

まずは健康が第一ではないでしょうか。


たとえば、おいしいご飯やお酒を飲むのが好きな人でも、風邪で具合が悪ければ料理の味はわからないし、お酒もおいしく飲めません。

寝不足で1時間しか寝ていなかったら旅行に行っても楽しめないので、何事もまず健康ありきです。

ですから、今の僕に一番大事なものは健康です。

それはもう人間関係よりも、家族よりも、仕事よりも、お金よりも、一番大事なのが健康です。


自分が病気になってしまったら、子育てをするとか、家族でご飯に行くとか、車を運転して旅行に連れて行くことはできません。さらに仕事をするにも健康でないとできません。

ここで言う健康とは、体の健康はもちろんのこと、心の健康も当てはまります。

ですから今は、健康を害してまで人と関わる必要もないし、仕事をしたり、お金を稼ぐ必要もないし、夢を追いかける必要もないと思っています。

たとえば、精神的な病気になってしまったり、がんになってステージが進行した状態で、家族のためだったり、人のために何かをしたり仕事をすることは難しいと思います。

ですから幸せでいるための一番の土台は、ダントツで健康です。結婚してから、そのことをより意識するようになりました。

健康を保つには、まずは「睡眠」

では、その健康を保つために何に気を付けているかというと、定番の答えになってしまいますが、「睡眠」「食事」「運動」です。

振り返ってみると、10代、20代のころの僕は完全にドーパミン全開で生きていました。当時の僕にとって人生で一番大切なものは、「目標達成」。頭の中が、「お金を稼ぎたい」「成功したい」「いい大学に入りたい」「公認会計士試験に受かりたい」「いい会社に入るために頑張りたい」といった感じで、ずっと夢を追いかけていました。

10代のころに、大学受験や音大を目指す中で、健康を気にせずにがむしゃらに勉強し、一浪して二浪が決まったときに、健康が大事だと気付き、その中でも睡眠の大事さに気が付きました。

その後、二浪のときと公認会計士試験のための勉強のときは、きちんと寝て勉強するようにしましたが、社会人になって再び、睡眠や運動、食事などを気にせず、毎日、仕事、仕事、仕事の日々を送っていました。これは年齢が若かったのと、ドーパミンが出ていたので、なんとか乗り切れたのだと思います。

当時の僕は、睡眠が大事だと頭ではわかっていても、「寝るのってもったいなくない？」と思っていたのです。

日本は世界の中でも平均睡眠時間の短い国です。理想の睡眠時間に関しては諸説ありますが、最低でも6時間、できれば8時間といわれています。他国に比べて全く眠らないですし、睡眠が幸せにつながっているという考えが薄い人が多い気がします。

とはいえ、今の僕にとって「睡眠」の状態は、育児もあり常に寝不足が続いています。そこで、打ち合わせの合間などの隙間時間にマッサージに行って寝たりしています。短時間でも良質な眠りが得られるので、かなりリフレッシュできています。

「食事」は、会食が多いですしお酒を飲むのも好きなので、朝と昼は軽めにし、バランスの良い食事を心がけています。

「運動」は、ジムに行って筋トレをしたり、毎日1万歩以上歩くようにしています。意識しているわけではないですが、iPhoneのヘルスケアアプリで、たまにチェックすると、平均して1日1万2000歩ぐらい歩いています。

ちょっと歩きすぎな感じもありますが、僕自身、睡眠不足や運動不足で勉強や仕事のパフォーマンスが落ちることを身をもって体験したので、30代になってからとくに「運動」を意識するようになりました。

目標を達成したり、収入を上げたり、幸せ度を上げるためには、何よりも心身の健康を保つことが一番の土台になると思っています。

幸せ物質「セロトニン」を出す

ピラミッドの頂点に幸せがあるとしたら、その土台になるのは間違いなく心身の健康です。そして、幸せを感じるために欠かせない脳内物質が「セロトニン」と「メラトニン」

です。

セロトニンは幸せホルモンとも呼ばれるもので、精神を安定させる働きがあります。セロトニンが分泌されると、ストレスが緩和されたり、マイナスな感情が抑制されてポジティブな感情になるので幸福感を得やすくなります。

メラトニンは睡眠ホルモンとも呼ばれるもので、良質の睡眠を取るためには欠かせない物質です。そして、このメラトニンの材料になるのがセロトニンです。

セロトニンを分泌させるためには、ウォーキングやジョギングなどの単調なリズム運動をしたり、朝、起きたときに朝日を浴びたりするのが効果的です。僕は今、子どもに合わせて6時起きをして、1日1万以上歩いているので、わりと分泌できているのかなと思います。

セロトニンとメラトニンの2つがしっかりと分泌されていたら、仮に人間関係やお金の部分が崩れたとしても、ある程度の幸福度を保てます。

実際、この「人間関係」の部分は、一番崩れやすいものだと思っています。

仕事仲間との関係が悪くなったり、家族との仲が悪くなったり、親友とケンカしたり、親との関係が悪化したり、何かと人生において人間関係のトラブルはつきものです。

僕はできる限りいい人間関係を作るために、今は「狭く深く」を意識しています。

10代、20代のころはいろいろな人と知り合って勉強したり、たくさんの刺激を受けたり、さまざまなビジネスの話を聞いて、「広く浅く」ではないですが、多くの人と知り合って一緒に仕事をする人を探したいという時期がありました。

しかし、今はわりと同じ人と、できるだけ会う回数や時間を増やし、ご飯を食べたり、お酒を飲んだり、打ち合わせしたり、悩みを聞いたり、考え方を伝えるということを常に行っています。

起業した当初は、何事も全部1人でやっていました。自分で商品を作って、お客さんを集めて、営業して、書類を作って、契約をしてと、全部自分でやっていました。

そこで自分のキャパシティがパンクして、人に任せるようになってきたのですが、誰に任せるか、というのも問題です。

自分の仕事を任せられる人を探すために、「広く浅く」アンテナを張っていたのです。

しかし、ある程度信頼できるような人が見つかり、人に任せられるようになったので、今度は、その任せている人との親交を深めることに時間を使うようになりました。

そこにお金と時間、精神的な労力をしっかりとかけているので、会食が多かったり、打ち合わせが多かったりして、結果寝不足になってしまうのですが、いい人間関係を維持するためには、日々の打ち合わせや会食の時間は欠かせないのです。

結果的に楽しい仲間と過ごす時間がキープできているので、今は人間関係でストレスを感じることは減っていますが、セロトニンとメラトニンは意識して分泌を増やすようにしています。

◆精神的な安定を保つために自己肯定感を持つ

自己肯定感というのは簡単に言うと、「自分のことが大好きで、もう一回生まれ変わるとしても自分がいいし、自分以外になったら不幸だな」というようなものだと思います。

10代のころの僕は、自己肯定感がめちゃくちゃ低かったです。

人生のターニングポイントはいくつかありますが、まず親の離婚はそうですし、それがきっかけで勉強を頑張ったのにも関わらず、地元のヤンキー高校にしか進学できなかったり、一浪のときに猛勉強しても全落ちしたり……。

成人式も人と会うのが恥ずかしくて行っていません。

立命館大学に受かって、公認会計士試験に合格したぐらいから、ようやく自分のことが認められるようになりました。

ただ、そのときの自己肯定感は、世間の人や周りと比較した中でのものでした。要は10代、20代にありがちだと思いますが、収入だったり、見た目だったり、経歴だったり、会社名だったり、資格だったり、親が何をしているかといったことで、自分の自己肯定感が決まったりするわけです。

履歴書的なことが自己肯定感に直結しているので、二浪したけれど在学中に公認会計士試験に合格してデロイトに入ったので、20代の半ばころになって、やっと自分はまだマシなほうだなと思えるようになったのです。

しかし今は、本当の自己肯定感というものは履歴書的なものや外面的な部分ではなくて、内面的な部分にあるのだと思っています。人よりもかっこいい、かわいい、きれい、お金がある、友だちが多い……といったものは、本当の自己肯定感ではありません。

もちろん、外面的な部分もないよりはあったほうが自信を持ちやすくなりますが、そっちの方向だけに走ってしまうのはその人にとって危険です。

自己肯定感において大事なのは、成功体験をしっかりと積み重ねること、失敗しても自分を否定しないことだと思います。

「失敗は成功のもと」と言うように、失敗は気付きや学びにもなるし、成功の過程の中にあるものなので、失敗をたくさんしたほうが人生的に、長期で考えるといいことなのです。

当然、失敗によって損することはあります。

お金の部分や時間を無駄にしたり、上司に怒られたり、人を傷つけてしまったり、いろいろなジャンルの失敗があると思いますが、「失敗＝失敗」ではなく「失敗＝新しいことを学べた」と、自分を強く責めたりしないことです。

しっかり反省して、次に活かせばいいのです。

失敗をたくさん繰り返していけば、それを活かして小さな成功体験もできると思うので、それを積み重ね、「あのとき失敗したけれど、こうしたらうまくいった」と、習慣的に思い出すことも大事です。

そして、何よりもやりたいこと、好きなことを積極的にやるということ。まさに、「生き甲斐」を持つことが、自己肯定感を高めることにつながります。

当然、生きていればやりたくないことや、好きではないことも毎日やらないといけませんが、嫌々やるのではなくて、「これが終わったら○○をしよう」と、楽しいことをセットにするのがポイントです。

旅行でもいいですし、好きなラーメンを食べることでもいい。なんでもいいから好きなことを積極的にやること。

そうすると、「自分はやりたいことができている」「毎週好きなことをしている」と、それが自分への自信となって自己肯定感を高めることができるのです。

毎日の行動をポジティブに変換する

僕は日々の言動を、できる限りポジティブに考えてしています。

たとえば、僕は毎朝6時に起きています。子どもが寝てから出かけることもあるので、帰宅は12時、1時、就寝が2時とか2時半なので、6時起きは本当につらいです。でも、「朝6時に起きなきゃいけない」ではなくて、「朝型は健康的」「これでセロトニンが分泌される」「朝、起きることで家族の時間ができる」とプラスの方向に考えています。満員電車に乗る場合にも、「混んでいて最悪」ではなく、「みんなこんな早くから頑張っているんだな、俺も頑張ろう！」と、ポジティブな方向に持っていくのです。

それから、自分の中でのポジティブのキープに重要なのが、肯定的な雰囲気のある人がいるグループに所属したり、そういう人と関わることです。

人間は影響を受けやすいので、毎日自己肯定感が低い人といると自分までネガティブになります。日本人は基本的に自己肯定感が低い人が多いので、それを理解したうえで周りに少しずつ自己肯定感の高い人を増やしたり、そういう人と会う頻度を増やすといいでしょう。

仕事で探すのは難しいと思うので、まずはプライベートや趣味で、毎日幸せそうにしている人、ポジティブなことをよく言っている人を探すようにします。

話していて愚痴や人の悪口ではなく、「あそこのラーメン屋がうまい」みたいな日常のたわいのないことでもいいので、プラスの話ができる人がいいでしょう。

同じジムに通って筋トレをするにしても、たとえば僕が通っているゴールドジムは、みんなすごく幸せそうに筋トレをしています。

それに比べて、金額ではないかもしれませんが月額3000円のようなジムは、「筋トレをしなきゃ……」のように、負の顔をしている人が多いのではないでしょうか。

ですから同じジムに行くのであっても、やる気に満ちているような人たちが行くジムに通うほうがいいと思っています。

予備校もそうでしたが、意識が高い資格や目標が高い人が集まる場所のほうが、基本的にはポジティブな人がいる確率は高いと思います。

カフェやご飯屋さんでも、食べログ評価の高い店は、味もそうですが料理人や働いている人も自己肯定感が高いので、同じご飯を食べるのであれば、そういうお店に行くのもおすすめです。

ポジティブな場所に行けば、自分も自然と「僕も頑張ろう！」と元気が注入される気がします。

さらに、自分をポジティブな人間に変換するのに有効な方法として、「自分を褒めること」というのがあります。

幼少期に親から褒められる機会が少なく育った人は、自己肯定感が低くなりがちです。僕は成績が悪くても怒られることはなくて、逆に少し上がっただけでも褒められていました。

「こんなことでも褒められるんだ」という思いがあったので、小さなことでも「自分はできる」というものを見つけるのが上手になりました。

自己肯定感が低い人、ネガティブな人は、大きなことを成し遂げないと自分はダメなんだと思っています。

朝きちんと起きて、仕事が終わって家に帰るだけでも、「俺、今日も仕事できたじゃん」と自分を褒めればいいのです。

それなのにネガティブな人は、「今日も自分は特別いい仕事はできなかった」と自分を褒める基準を下げて、「自分はなんてダメなんだ」と思いがちです。

毎日働いているだけでもすごいし、毎日朝起きられるだけでもすごいし、究極、生きているだけでも幸せなことなので、「ご飯を食べられるだけでも幸せ」「寝られるだけでも幸せ」と思えばいいのです。

基準を高めすぎず、小さなことでも「自分はすごい」と褒めて、ポジティブに過ごすようにしましょう。

コンプレックスと上手に付き合う

人間、誰しも何かしらコンプレックスを抱えていると思います。

内面、外面どちらにもここの部分が劣っているとか、なんとなく隠したい、触れたくない部分があったりします。

コンプレックスの種類はいくつかあると思いますが、学歴や容姿、年収などお金にまつわるもののほか、親友や恋人がいない、結婚している・いないなど。ほかには育った家庭環境にまつわることなどもあります。

結局、コンプレックスをなくすためには、一個一個つぶしていく必要があります。たとえば学歴コンプレックスがある人は、学歴が良い人は完璧で悪かったら最低な人間なのかということについて、よく考えてみるといいと思います。

学歴が良くても不幸な人はいるし、犯罪を犯す人もいるし、それだけが物差しではないと腑に落ちれば、そこはコンプレックスと思わなくなります。


容姿についても同じです。人生で大切なものが見た目だと思っているから、容姿が悪いとコンプレックスとなるのです。人生で一番大切なのは「幸せ」という基準にすれば、見た目が良くても幸せでない人はたくさんいます。

逆に見た目が良すぎる人は、「容姿」が基準になっているので、もっと見た目のいい人を見て落ち込んだり、嫉妬したり。

「今の自分でいいや。見た目じゃないし」と思ったほうが、ずっと幸せです。


年収や家族も同じ。「収入が低いから副業をやろう！」とか、「親が離婚してくれたおかげで頑張ろうと思えた。離婚は今の僕を作るのに大切な出来事」と、一つ一つ向き合って、コンプレックスをポジティブに変換していくことも大切です。

僕は別に医者ではないし自己啓発の専門家でもないですが、今まで生きてきた中や勉強した中で、これが「自分の中での幸せの方法」というものを見つけることが人生においては大切だと思っています。

つまり、人の意見で「こうやったほうがいいよ」というのをなんとなく腑に落ちないまま実践するのではなく、自分の考えや思いを大事にして行動することが大切だと思っています。

ですから皆さんも、僕がこの本で言った幸せになる方法を全部が全部、実践する必要はありません。

いろいろな話を聞いたり、自分で勉強したうえで、「これは自分は好きじゃない」「これは自分に合うかも」と、仕分けをどんどんしながら、自分なりの成功法や健康法、コンプレックスをなくす方法、自己肯定感を高める方法を作っていけばいいのです。

僕は14歳から23歳ぐらいまでは、「あの人優秀だな」とか「あの人はうまくいっているな」と、周囲と自分を比べて「自分は全然うまくいっていないな」と思っていました。

必死に勉強しているのに偏差値は全然上がらなかったし、大学に行きたくて勉強しているのに二浪もしていたし、実際に大学に入ったら自分よりも若くて先に大学に入っている人がいるわけです。


でも、僕はそこで、「不幸と思ったらもう終わり」と思っていました。

僕にはそのとき、大切にしていた言葉がありました。それは、中学3年生のときに卒業式で担任の先生が渡してくれた小さな紙に書いてあった「大器晩成」という言葉です。

僕は、人よりも結果が出るのが遅いだけ。

人よりも上達したり、頭が良くなるのが遅いタイプなだけ。人よりも結果が出づらいけれど、最終的に大きく成功すると信じ、プラスに捉えて勉強してきたのです。

100点ではなくて51点の幸せ

理想としては、心と体の健康が一番大事で、人間関係も職場や家族、友人、クライアントと、いろいろな人間関係がすべて順調なのが幸せな状態です。

しかし、すべてが理想通りということは基本ありません。

人間、誰だって合わない人がいるし、関わりたくないけれど関わらないといけない人がいます。


そういった状況の中で100点を目指すのは不可能に近いことです。ですから、僕は51点を取れればいいと考えています。

最高と最悪、幸せと不幸せの境目はどこにあるのかと考えたとき、もちろん100％最高、100％幸せというのが理想ですが、たとえ49％不幸せだったとしても51％を幸せに持っていければ、「幸せ」となるわけです。


仕事でもプライベートでも、常につらいことと楽しいことがあります。

一日の中でも朝起きるのはつらいけれど、昼ご飯のときは楽しいとか、コーヒーを飲んでいるときは最高とか、レシートで経費計算しているときは憂鬱だけど、友だちと会っているときは楽しいとか。

健康もそうですし、人間関係も100点満点の幸せを追い求めずに、いかに51点を取るかが大事なのかなと思っています。週3日最悪だったとしても、残りの4日が良かったら、1週間をトータルで見たらいい1週間を送れたことになります。

会社員であれば一般的には土・日は休みで、ここで楽しい2日間を確保することができます。残りの平日5日のうち、2日間ぐらいを楽しい日で終わらせることができれば、人生のほとんどは幸せなわけです。

4日間を幸せに過ごすためにはどうすればいいか？　それが「生き甲斐」の部分、いかに「幸せホルモン」を分泌させるかだと思います。

朝日を浴びたり散歩したりして、幸せホルモンであるセロトニンの分泌を増やしたり。ほかにも、ペットと触れたり、子どもと触れたり、好きな人と触れていることでも愛情ホルモンである「オキシトシン」が分泌されて幸福度が上がります。

そういった幸せに関連した脳科学の本や、精神科の本を読んで勉強して、自分なりの幸せでいるための考え方を確立させてもいいでしょう。

人によって健康法はいろいろありますし、100%正解というものはないと思っています。

僕はラーメンが大好きですが、人によっては一切食べないという人もいます。でも僕は、普段の食生活は気を付けていますが、ラーメンだけはご褒美というか生き甲斐にもなっているので、心の健康には欠かせません。

若いころは、新しいことをどんどんやっていったほうが幸せだと思っていましたが、今はどちらかというと、今やっていることや、今関わっている人を大切にするほうが大切だと感じるようになりました。今の環境や今の人間関係、今の仕事をしっかりと構築し、より親交を深めたり、より良いものを作っていくことに重点を置いています。

もちろん新しいことをすることは刺激にもなるので、7対3ぐらいの感覚で、行ったことのない国を旅行したり、行ったことがないご飯屋さんを開拓したり、3割ぐらいは新しいことをやっています。

「広く浅く」よりも「狭く深く」、7対3のバランスで、健康第一で無茶をせず、悔いのないように楽しんで、51点の幸せで死ねるようにやっていきたいなと思っています。

おわりに

読者の方から見ると、僕は「成功した人」に見えるかもしれません。

しかし、世の中、努力しても報われない人が9割だと思っていますし、実際に僕も報われないことがたくさんありました。

この本を最後まで読んでいただいた方は、僕がどんなに報われない人間だったかわかっていただけたかと思います。


でも、「報われない」で終わるのではなく、その報われなかったときにどう考えるか、そして次の行動をどう取るかが大事だと思っています。

すべてうまくいっている人なんていません。

うまくいったところだけを切り取っているので、そう見えるだけです。

そして、大切なのは実力の領域と運の領域を区別すること。重要なのは、結果が出たときに自分の実力だと勘違いしないことです。

たとえば、僕が何十冊と本を出版しているのは、いっぱい出さないと当たらないと思っているからです。何度も推敲して5年かけて1冊書くよりも、毎年1冊出したほうが当たる確率が高いわけです。

運の領域ではトライの数が多いと勝てますが、実力の領域はトレーニングを積まないと勝てません。

そこを意識して、文章を書くスキルや話すスキルは鍛えつつ、数を打てば当たる方式でやってきたことが、僕が成功をつかみ取れた秘訣だと思っています。

もし今、皆さんが「報われない人生だ」と思っているなら、挑戦の数が少ないだけかもしれません。

そして、「報われないこと」だけでなく、「報われたこと」に目を向ければ、案外、皆さんの人生も、それほど悪い人生ではないはずだと思います。

2025年3月3日　金川顕教

金川顕教

（かながわ あきのり）

『YouTube図書館』運営、公認会計士、税理士、作家。三重県生まれ、立命館大学卒業。大学在学中に公認会計士試験に合格し、世界一の規模を誇る会計事務所デロイト・トウシュ・トーマツグループである有限責任監査法人トーマツ勤務を経て独立。

トーマツでは、不動産、保険、自動車、農業、飲食、コンサルティング業など、さまざまな業種・業態の会計監査、内部統制監査を担当。

数多くの成功者から学んだ事実と経験を活かして経営コンサルタントとして独立し、不動産、保険代理店、出版社、広告代理店などさまざまなビジネスのプロデュースに携わり、300社を起業、300人の「稼ぐ経営者」を育て上げる。

現在、会社3社のオーナー業の傍ら、起業家育成プロデュース、出版プロデュース、執筆活動を営み、「読書で解決しない悩みは一切ない」をミッションとして、一人でも多くの人に読書の大切さを伝えるために『YouTube図書館』（登録者数17万人）の運営及び執筆活動を開始。

執筆活動では、ビジネス書、自己啓発書、小説など多岐にわたるジャンルでベストセラーを連発し、累計部数60万部以上。執筆した本は、中国、韓国、台湾、タイ、ベトナム等、世界中で翻訳出版されている。

YouTube図書館

http://www.youtube.com/channel/UCCOM5OkoyUFJa5T4kJn3r0g?sub_confirmation=1

（チャンネル登録者17万人）

＊検索欄から『YouTube図書館』と検索ください。

YouTube「あっきーの投資アカデミア」

https://www.youtube.com/channel/UCb1-6IhF73XX7jC6lhJmB3Q

理想が叶う金川顕教LINE通信

@RGT0375Y

（53099人以上が登録中）

＊ID検索またはQRコードを読み込み「友達追加」を押してください。

金持ちにも
幸せにもなれる
たった１つの思考法

2025年３月15日　初版第１刷発行

著　者　　金川顕教
発　行　　フォルドリバー
〒104-0031
東京都中央区京橋2-7-14-415
TEL：03-5542-1986
発　売　　株式会社 飯塚書店
〒112-0002
東京都文京区小石川5-16-4
TEL：03-3815-3805
FAX：03-3815-3810
http://izbooks.co.jp
印刷・製本　誠宏印刷株式会社

ISBN978-4-7522-7007-2